자기애 측정도구 ISP 타당화 연구

자기애 측정도구

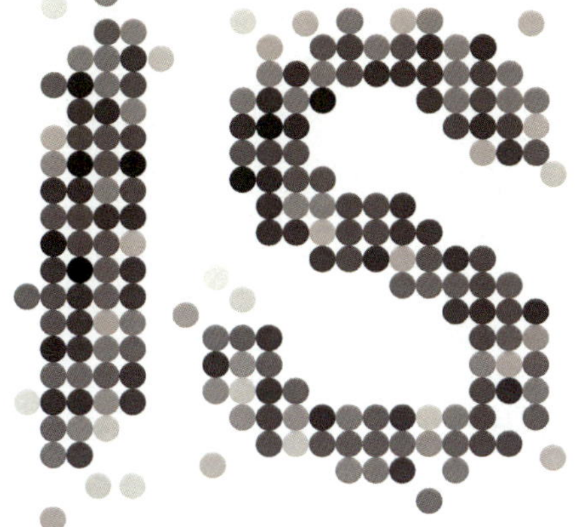

ISP 타당화 연구

윤 정 혜

KSI 한국학술정보(주)

자기애(narcissism)는 상담에서 중요한 개념이고 자기애의 측정은 상담에서 필요한 영역이다. 현재까지 자기애에 관한 경험적 연구는 외현적 자기애 유형을 측정하는 NPI(Narcissistic Personality Inventory; Raskin & Terry, 1979, 1981)를 통해서 주로 이루어졌으며, 국내에서 내현적 자기애를 측정하기 위한 도구(CNS, 강선희, 2001)가 개발되어 타당화되었다. 전자는 DSM-Ⅳ에서 서술된 자기애적 증상의 특성 중 덜 병리적인 특성을 측정하고 후자는 내현적 자기애의 부정적인 특성을 측정하고 있다. 그 후 자기애에 대하여 순기능적 역할과 긍정적인 특성에 관심을 갖는 연구가 있었으나, 이를 다차원적이고 종합적으로 측정할 도구는 현재까지는 없는 실정이다. 자기애 이론에 대표적인 임상가 및 이론가인 Kohut은 자기애의 병리적이거나 방어적인 특성은 발달정지의 산물이라고 보고 자기애가 긍정적 가치를 가지고 있으며 건강한 자기애에 대한 중요성을 강조하였다. 그의 이론은 상담과 임상에서 적용할 수 있는 범위가 광범위한데, 이에 Slyter(1989)는 Kohut의 이론을 지지하면서도 다차원적이며, 이론을 조망할 수 있는 폭넓은 범위의 자기애 측정도구(ISP; the Inventory of Self Psychology)를 개발하여 타당화하였다. 한국에서 ISP가 타당화된다면, 적용범위가 넓고 자기애의 긍정적 가치를 담고 있는 Kohut의 이론을 전체적으로 조망하게 하여 일반인과 내담자를 이해하는 데에 기여할 것이다. 본 연구는 Kohut의 자기애에 대한 개념화를 제시하고, 경쟁모형들을 통해 가장 적합한 측정모형이 어떤 것인지를 확인하였다. 또한 구인의 타당성을 확인하기 위해 다른 자기애 측정도구들 및 자존감, 공감, 우울과의 관련성을 탐색하고, 더 나아가 자기애적 상처와의 관련성을 탐색하고자 하였다.

이를 위해 제시한 연구문제는 다음과 같다.

1. 가설적 경쟁모형 중 한국판 ISP의 구조에 가장 적합한 모형은 어떤 것인가?

2. 한국판 ISP의 하위 요인들은 Kohut이 말하는 자기애의 두 가지 노선의 특성을 측정하는 구인타당성을 갖는가?

3. 한국판 ISP의 하위 요인들은 임상집단과 일반집단에서 차이가 있는가?

이를 검증하기 위해서 본 연구의 대상은 서울, 경기, 충청, 강원 지역에 소재한 대학의 대학생과 대학원생을 대상으로 탐색적 요인분석(n = 891)과 확인적 요인분석(n = 604)을 실시하고 ISP(Slyter, 1989)에 대해서 61문항의 4요인을 확인하였다. 연구 Ⅰ의 연구문제 1에서는 주성분분석방법을 사용하고 각각의 요인 20문항에 대해서 NF 1값을 가지고 요인분석을 실시하여 요인부하량 .40 이하인 문항을 삭제하였다. 한국판 ISP의 각각의 하위 요인의 내적 일치도는 건강한 과대자기(Healthy Grandiose Self; HGS)는 α =.89, 방어적 과대자기(Defensive Grandiose Self; DGS)는 α =.75, 건강한 이상화된 부모원상(Healthy Idealized Parent Image; HIPI)은 α =.84 (HIPI), 방어적 이상화된 부모원상(Defensive Idealized Parent Image; DIPI)은 α =.81(DIPI)을 나타냈다. ISP 하위 요인의 문항 수는 HGS가 18문항, DGS가 11문항, HIPI가 16문항, DIPI가 16문항이었다.

ISP에 대해서 경쟁모형들을 제시하고 적합도 지수를 산정하여 가장 최적의 모형이 무엇인가를 확인하였다. 검증결과는 3차원의 위계구조를 가진 4요인의 모형이 한국판 ISP를 가장 적합하게 설명해 주는 것이었다.

HGS의 내용은 현실적인 목표를 향한 자기주장적 노력, 창조, 열정, 자기-확신에 대한 것이고, DGS의 내용은 수치나 당황감으로서 나타나는 억압된 과대자기로서 낮은 자존감, 작업저해, 우월성의 테마로 나타나는 의식적 과대자기로서 지배, 완벽성에 대한 것이다. HIPI의 내용은 타인의 현실적인 자질에 대한 열성과 감탄, 공감, 내적 긴장 조절능력, 이상발달에 대한 것이고, DIPI의 내용은 중요한 타인의 애정에 매이고 의지하려는 욕구, 공허감, 삶의 방향부재, 반동적 격노, 중요한 타인이 떠났을 때 혹은 중요한 타인에게 실망했을 때의 우울에 대한 것이다.

구조모형의 표준화 계수는 과대자기(Grandiose Self) 축에 대한 HGS는 −.78, DGS는 .63으로 큰 값을 가지며, ISP는 과대자기 축과 이상화된 부모원상 축의 두 가지 하위 차원 중 과대자기의 축을 더 잘 설명하는 것으로 나타났다.

연구Ⅱ의 연구문제 2는 한국판 ISP의 4개의 요인은 Kohut이 말하는 자기애의 두 가지 노선의 특성을 측정하는 공인 타당성을 갖는가를 확인하는 것이었다. 타당화를 위해, NPI, CNS, 자존감, 공감, 우울과의 관계를 분석하였고, 한국판 ISP의 요인분화 가능성을 더 확인하기 위해서 자기애적 상처를 측정하는 NIS(Narcissistic Injury Scale; Slyter, 1991)에 대해서 탐색적 요인분석을 실시한 후 요인을 확인하고, ISP와 NIS의 하위 요인과의 관계를 분석하였다. 그리고 재검사신뢰도와 교차타당도를 검증하였다.

한국판 ISP는 4가지 하위 차원 모두에서 적절한 타당도를 나타 냈으며, 본 검사를 통해 2, 3주 간격의 재검사신뢰도 결과는 HGS, DGS, HIPI, DIPI 각각 $r=.92$, $.71$, $.91$, $.78$로 나타나서 $r=.71$, $-.92$의 범위에 해당하는 재검사신뢰도를 보여주었다. 일반화 가능 성을 위해 교차타당도를 검증한 결과, 다른 집단에서도 일반화할 수 있음을 확인하였다.

연구Ⅱ의 연구문제 3은 한국판 ISP의 4개의 요인은 임상집단과 일반집단에서 차이가 있는가였다. 한국판 ISP가 임상집단에 적용 이 가능할 것인가를 검증하기 위해 본 검사의 피험자 중에서 무선 적으로 표집한 일반집단(n=49)과 내담자집단(n=37)을 대상으로 검증한 결과, 건강한 자기애(HGS, HIPI)는 일반집단이 더 높은 점 수를 나타내었고, 방어적 자기애(DGS, DIPI)에서는 임상집단이 더 높은 점수를 나타내어 임상집단에의 적용가능성을 보여 주었다.

본 연구의 의의는 다음과 같다. 첫째, 한국판 ISP를 통해 Kohut 이 말하는 자기 및 자기애를 측정 가능한 이론적 구인들로 개념화 하였다. 둘째, 자기애의 구인에는 건강한 차원이 있음을 확인하였 다. 셋째, 자기애 구인에 대한 다차원적 접근을 통해 개념화된 자 기애의 이론적 틀을 경험적으로 확인하였다. 넷째, 한국판 ISP는 4 가지 요인으로 구성된 3차원 위계모형임을 제시하였다. 다섯째, 한 국판 ISP는 상담 및 임상집단에서 이 도구를 사용하는 데에서 잠 재적으로 유용한 가치를 가질 수 있음을 확인하였다. 여섯째, 자기 심리학적인 임상접근에 대해서 상담자들이 윤곽을 파악하는 데에 유용한 정보를 줄 수 있다. 일곱째, 건강한 자기를 형성하기 위한 자기대상욕구(selfobject need)에 관심을 갖게 하였다. 여덟째, 상담 에서 전이에 대한 새로운 이해를 가능하게 하였다.

위와 같은 의의를 갖는 한국판 ISP는 다음과 같은 제한점이 있다. 첫째, 자기애와 관련된 다른 정동들에 대해서 관련성을 보지 못했다. 둘째, 표준화 과정까지 연구에 포함시키지 않았다. 셋째, ISP는 Kohut이 말한 자기애의 형태와 변형의 5가지 특성—창조성, 공감, 유한성의 수용, 유머, 지혜—모두를 직접적으로 측정하고 있지 않다.

그러므로 다음과 같은 제안을 하고자 한다. 첫째, 분노 및 다른 정동과의 관련연구가 추후에 더 진행될 필요가 있겠다. 둘째, 도구에 대한 표준화 연구도 바람직하다고 생각한다. 셋째, 상담에서 건강한 자기애에 대한 주제를 다루는 것은 더 많은 호소력을 가질 것으로 생각된다. 넷째, 청소년 연령에 맞는 도구를 개발하는 것이 필요하다. 다섯째, 과대자기 축의 발달과 이상화된 부모원상 축의 발달에 기여하는 변인들을 탐색하는 연구들이 더 있어야 할 것이다. 여섯째, 과대자기 축과 이상화 축의 발달과 관련된 내용으로 학령 전 아동의 부모를 대상으로 하는 부모교육 프로그램을 개발하는 것은 매우 의의가 있다고 생각한다.

주요어: 자기애(narcissism), 건강한 과대자기(HGS), 방어적 과대자기(DGS), 건강한 이상화된 부모원상(HIPI), 방어적 이상화된 부모원상(DIPI)

목 차

V　종합논의 …………………………………107

VI　결론 및 제언 …………………………115

I. 서 론

1. 연구의 필요성 및 목적

　자기애는 상담에서 핵심적인 주제이다. 상담을 받고자 하는 사람들의 동기는 자신이 다른 사람들을 사랑하지 못하는, 대상사랑이 부족한 것에 죄책감을 느끼거나 힘들어서 찾아오는 것이 아니라고 생각한다. 자기가 상처받고, 고통 받고, 자기의 기능 면에서 무기력하고 혼란스러움 때문에 자기가 하는 일이나, 인간관계에서 행복이나 만족을 느끼지 못하고, 효율적이지 못할 때 견디다 못해 찾아오는 경우가 대부분이라고 할 수 있다. 그러므로 개인이 상담을 통하여, 개인의 자기애가 파편화에서 응집화로, 무기력에서 활력의 방향으로, 혼돈과 무질서에서 질서의 방향으로 자리 잡아 갈 수 있도록 도와 건강한 자기를 형성하는 것이 상담의 전부라 해도 과언이 아닐 것이다.

　자기애는 또한 일반인에게도 중요하다. 상담에 대한 동기가 없는 사람들도 건강한 자기애에 대해서 누구든지 관심을 가진다고 할 수 있다. 즉 인간과 자기애의 관계에 의문을 품는 것은 우리가 식욕과 건강의 관계에 대해 의문을 가지는 것과 같은 것이라고 할 수 있다. 보통 우리는 자신을 진정으로 사랑하는 사람이 다른 사람을 사랑할 수 있다는 말을 많이 한다. 이는 곧 건강한 자기애를 지닌 사람이 대상을 진정으로 사랑할 수 있다는 말과 같다고 할 수 있다.

　그러나 상담 장면과 일반사회에서 이렇게 중요한 주제인 자기애라는 개념이 많은 사람들에게 부정적 이미지로 먼저 떠오르는 이유를 Kohut(1966)은 「자기애의 형태와 변형」이라는 자신의 글에서 다음과 같이 언급하였다. "자기애에 대해, 대상사랑과 비교하여 가지는 선입견이 있으며 리비도를 분배하는 두 가지 형태 중의 하나인 자기애가 일차적이고 적응적인 것이 아니라고 생각하는 것은 자기애의 발달적 위치나 적응적 가치의 중요성을 간과한 것이다. 이는 자기애에 대해 객관적인 평가를 통해 나온 생각이 아니기 때문에 임상 장면에서 자기애가 갖는 실제 가치보다 평가절하 되었고 임상에서 그 영향력이 축소되었다"고 하였다.

Kohut은 자기애와 관련하여 이론적으로 임상적으로 독보적인 인물이다. Kohut의 공헌으로 다음과 같은 것을 제시할 수 있다. 첫째, 자기애에 대한 가치를 충분히 긍정적으로 인식하였다. 둘째, 건강한 자기애에 대하여 대상사랑의 전조로서 그 가치를 인식하였다. 셋째, 모든 병리에 대해서 자기의 장애로 간주하고 임상적용의 범위가 광범위한 이론을 수립하였다. 넷째, 임상 장면에서 자기애적 전이를 발견하고 이를 통한 치료적 발전을 이루었다. 다섯째, 일반인들의 자기와 자기대상욕구(selfobject need)에 대한 이해를 통해 정신건강에 대해 많은 시사점을 주었다. 여섯째, 공감이 주는 강력한 영향력을 깊이 통찰하였다. 일곱째, 일반인에게도 광범위하게 적용 가능한 이론이라는 것이다.

Kohut은 후기에 가서 모든 정신병리에 대해서 자기의 장애라고 하고 이론을 확장하였는데, 그러므로 그의 이론을 자기심리학(Self Psychology)이라고 한다.

한편 자기애의 측정과 관련하여, 우리나라에서는 자기애적 성격 척도((NPI; Narcissistic Personality Inventory; Raskin & Hall, 1979, 1981)를 주로 사용한 연구들(강일선, 2005; 김해정, 2004; 김윤주, 1991; 김은영, 1996; 김계령, 1997; 김지연, 1998; 박정민,

1998; 한수정, 1999; 한혜림, 2004 외)이 대부분이었다. NPI는 DSM - Ⅳ에 나와 있는 자기애적 성격장애자의 특성에 대해서 덜 병리적인 형태를 측정하고 있으며, 병리적이라기보다 다소 적응적 특성에 가까운 성격측면을 측정하고자 이루어진 측정도구이다. NPI에 대해서 요인분석 연구를 한 정남운(2001b)은 NPI가 자기애의 복잡한 개념을 모두 담고 있다고 볼 수 없고 하위 척도들의 신뢰도도 충분히 만족스러운 정도로 높은 것이 아니라는 점에서 자기애와 관련된 다른 심리적 행동적 특성들을 반영하는 문항이 NPI에 더 포함되어야 한다고 하였다. 한편 외현적 자기애를 측정하는 것으로 NPI를 보고, 국내에서 내현적 자기애의 특성을 측정하는 도구(CNS; 강선희, 2001)를 개발하였다. 이는 내현적 자기애자의 부정적인 특성을 측정하고 있다.

심리측정학적 측면에서 살펴보면, Kohut의 이론적 접근으로 연구를 했을지라도 측정은 NPI로 이루어진 연구(차타순, 2001)가 눈에 띄었는데, 이는 비유를 하자면 Gardner의 지능과 관련된 이론 연구를 하면서 Binet지능이론에 입각해 만든 측정도구를 사용하여 그 결과를 보고자 하는 것과 같아서 이론과 측정의 불일치를 보여주는 것이다. 이는 연구에 커다란 제한을 가져올 수 있다.

Slyter(1989)는 자기심리학의 이론과 그 이론적 접근의 치료과정 및 성과를 통해 나타난 자기애의 두 가지 축에 대한 측정도구를 개발하여 자기심리학 검사(the Inventory of Self Psychology)라고 이름을 붙였다. Kohut이 말한 자기애에 대해서 종합적이면서, 다차원적으로 측정한 ISP(Slyter, 1989)가 한국에서도 타당화가 되어 사용될 수 있다면 상담 및 심리치료연구와 실제에 다음과 같은 유용한 사고를 확장할 수 있으리라 기대된다.

　첫째, Kohut이 말하는 이론에 대한 조망이 좀더 용이할 수 있다. Kohut은 자기애가 정상발달의 국면이라고 하였고 자기애의 방어적 차원은 발달정지의 산물이라고 하였다. 건강한 자기애가 발달하지 못하면 우울감이나 무기력감을 많이 느끼고 이유 없이 힘들어하는 모습을 보이며, 자존감이 낮고, 자기확신감이 없으며, 자신이 하는 일에서도 즐거움을 갖기가 힘들다고 하였다. 건강한 자기애를 가진 사람은 자신의 포부를 형성하고, 이를 즐기며 이상에 의해 인도받으면서 자기 확신 속에서 자신이 발달시킨 가치에 따라 자기목표를 시간과 공간의 연속선상에서 이루어가는 사람이라고 하였다. ISP는 개인이 이러한 맥락에서 자신이 어떠한 위치에 있는지를 그려볼 수 있도록 해준다.

　둘째, 자기심리학이 말하는 임상적 풍부함을 이해하는 틀을 제공할 수 있다. 모든 병리는 자기의 장애라고 Kohut은 말했는데, 그 이후의 자기심리학은 많은 영역을 이 이론 내에서 설명하고 있는 시도와 연구들을 볼 수 있다. 그러므로 Kohut이 말하는 자기애의 개념에 대한 종합적 다차원적 측정은 이에 대한 이해와 접근을 좀더 촉진할 수 있으리라 생각한다.

　셋째, 상담 전에 내담자에 대한 이해와 진단, 상담 및 심리치료 과정을 통한 자기 기능의 변화에 대해 평가할 수 있는 도구로 활용될 수 있다. 상담의 목적은 건강한 자기를 확립하는 데 있다고 볼 수 있다. 건강한 자기를 확립할 때 비로소 긍정적인 인간관계에 대한 확립이 가능하다. 그러므로 상담을 하기 위해 찾아오는 사람들은 건강한 자기애를 가지고 있다기보다 방어적 자기애의 특성이 더 강하기 때문에 비효율적인 삶을 살 가능성이 더 크다. 상담의 효과는 방어적 자기애의 감소와 건강한 자기애의 형성에 있다고 할 수 있다. 그러므로 상담 전의 측정은 방어적 자기애의 양상에 대한 이해를 통해 상담 계획을 세우는 데 도움을 줄 것이며, 상담 후의 자기애 수준의 측정은 상담의 효과를 알아보는 데에 도움을 줄 수 있는 진단도구가 될 수 있다.

넷째, 자기애의 두 가지 발달노선 중에 어느 방향에서 손상을 입었는지 이해할 수 있는 정보를 줄 수 있다. 가령 내담자들이 찾아왔을 때, 자기애의 두 가지 축 중에서 방어적 자기애의 측정에서 높은 점수를 받을 가능성이 있다. 자기애의 방어적 특성 중 또한 과대자기 축의 자기애가 더 손상이 있는지, 이상화된 부모원상 축의 자기애가 더 손상이 있는지, 각각의 점수들은 그것들을 파악할 수 있도록 도울 수 있을 것이다. 그렇다면 거기에 따른 상담 계획과 방법을 수립하기가 더 용이하리라 생각된다.

다섯째, Kohut이론에 대한 경험적인 검증이 용이해진다. Kohut이 개념화한 자기애를 측정할 수 있는 자기애 도구라면 Kohut이 자기심리학에서 말하는 내용들을 진단하고, 이해하고, 전체적으로 파악하는 데 도움을 줄 수 있을 것이며, 자기심리학적 접근의 치료방법과 기술에 대해서도 그러한 접근이 건강한 자기애를 형성하게 하는 데 효과가 있을지 검증이 가능할 것이다. 또한 자기애의 두 가지 노선인 과대자기 축과 이상화된 부모원상 축 중 어느 노선과 어떤 증상이 더 관련이 있는지, 어떤 정서나 정동들이 더 관련이 있는지를 검증하는 것이 가능해질 것이며, 이를 통한 치료적 시사점을 찾을 수 있을 것이다.

그러므로 본 연구는 위에서 서술한 바와 같이 임상과 상담 장면에서 폭넓은 적용이 가능한 ISP의 한국적 타당화에 그 목적을 가지고 그것이 상담에서 갖는 시사점을 살펴보고자 한다.

2. 연구문제

본 연구에서는 ISP의 타당도를 검증하기 위한 목적으로 Kohut 의 자기애를 개념화하고, 개념모형을 수립한 후, 경쟁모형 중에 어 느 것이 가장 적합한 모형인지를 검증하고, 모형에 대한 타당성을 제시하고자 한다. 이를 위한 연구문제를 제시하면 다음과 같다.

첫째, 가설적 경쟁모형 중 한국판 ISP의 구조에 가장 적합한 모 형은 어떤 것인가?

Slyter(1989) 자신은 도구를 개발하면서 탐색적 요인분석만을 수 행하였다. 본 연구에서는 확인적 요인분석을 통해 요인의 구조를 확인한 후, 이 요인들이 병행되는 구조를 가진 모형인지, 위계적 구조를 가진 모형인지를 검증할 것이다.

이를 위하여 내용타당도가 확인된 문항들로 탐색적으로 요인분 석을 실시하고, 요인을 확인한 후, 확인적 요인분석을 통해 요인구 조모형을 확인하여 경쟁모형을 비교해 적합도를 검증하고 최적의 모형이 어떠한 것인지를 확인할 것이다

둘째, 한국판 ISP의 하위 요인들은 Kohut이 말하는 자기애의 두 가지 노선의 특성을 측정하는 구인타당성을 갖는가?

Slyter(1989)는 Kohut의 자기애의 개념을 근거로, 건강한 과대자 기(Healthy Grandiose Self), 방어적 과대자기(Defensive Grandiose

Self), 건강한 이상화된 부모원상(Healthy Idealized Parent Image), 방어적 이상화된 부모원상(Defensive Idealized Parent Image)이라는 4개의 하위 차원으로 나누어 측정을 위해 개념화하였다. 그러므로 본 연구에서는 Slyter(1989)가 개념화한 Kohut의 자기애에 대해 자기애의 구성요인에 대한 신뢰성과 타당성을 확인하고, 다른 집단에서도 일반화할 수 있는지를 알아보기 위해 교차타당도 검증을 할 것이다.

셋째, 한국판 ISP의 하위 요인들은 임상집단과 일반집단에서 차이가 있는가?

임상집단은 방어적 차원(DGS, DIPI)에서 일반집단보다 높은 점수를 나타낼 것으로 보이며, 건강한 차원(HGS, HIPI)에서는 일반집단보다 낮은 점수를 나타낼 것으로 보인다. 일반집단은 이에 비해 건강한 차원(HGS, HIPI)에서는 임상집단에 비해 높은 점수를 나타낼 것이고, 방어적 차원(DGS, DIPI)에서는 낮은 점수를 나타낼 것으로 예측할 수 있다.

Ⅱ. 이론적 배경

1. Kohut의 자기심리학

가. 자기와 자기애의 개념

Kohut(1977)이 말하는 협의의 자기는 자아(ego) 안에 있는 자기 표상으로서, 마음 혹은 성격의 특정한 구조를 뜻한다. 그리고 광의의 자기는 "개인의 심리적 우주의 중심"이라고 개념화하였다. 자기는 개인경험과 주도성의 중심으로서 그 자신이 가진 의식과 무의식감정의 우주이다. 자기는 원초아, 자아, 초자아의 삼중구조를 대치할 수 없으며, 오히려 상위의 기능을 제공한다(Treuniet, 1980). Freud(1957)의 자기애에 대한 원래의 개념은 Kohut의 개념보다 협소하고, 이러한 자기애는 리비도적 발달에 대한 유아의 표현으로 간주되었으며, Kernberg는 자기애의 개념에서 과대자기를 병리적인 구조로 보았으며, 과대자기와 원시적 이상화는 모두 구강적 격노, 시기심, 의존, 공허함, 편집증으로부터 보호하기 위한 병리적 방어구조로 보았다. 그러나 Kohut(1977)은 자기애가 정상적이고 성격발달에서 중심적인 경향이라고 생각했고, 자기의 발달을 자기애의 변형으로 보기도 하였다(Patton & Connor, 1982). 자기애적 구성물로서 Kohut은 과대자기 축과 이상화된 부모원상축의 두 가지 발달노선을 제안하여 자기애의 이중 축 이론을 내세웠다.

Freud이론에 대한 확장으로서 Kohut이 주장하는 자기애의 발달노선에 대한 윤곽은 다음의 그림과 같다.

[그림1] Freud의 발달노선에 대한 Kohut의 확장(Siegel, 1996)

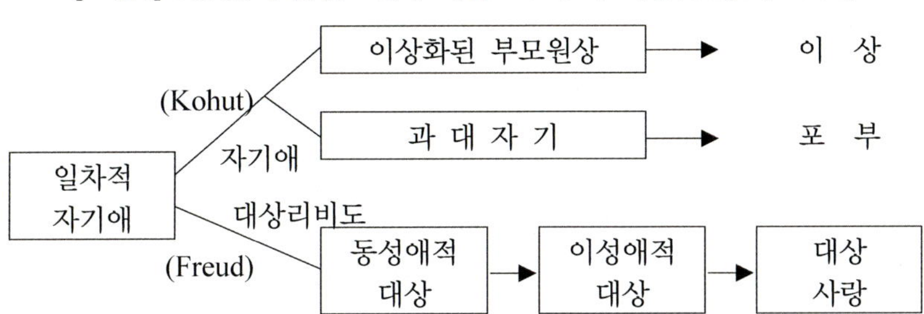

그러므로 자기애는 대상사랑의 능력과 동등한 위치를 지니며, 상담에서 오히려 우선적으로 관심을 두어야 할 영역이라고 생각한다. 자기애의 이중 축 이론은 Kohut 개념 중의 핵심적인 개념이며, 이러한 두 가지 노선의 자기애가 어떻게 각각 발달을 하며, 어떠한 방식으로 발달이 정지되는지를 살펴보는 것은 Kohut의 자기애를 개념화하는 데에 있어서 중요한 것이라고 생각한다. 그러므로 본 연구에서는 Kohut의 이중 축의 자기애 이론을 살펴보는 것으로서 자기애에 대한 개념화를 하고자 한다. 즉 자기애의 이중 축의 발달이 이루어지는 과정(건강한 자기애의 형성과정)과 이중 축이 발달정지(방어적 자기애의 형성과정)되는 과정을 살펴봄으로써 개념화하고자 한다.

나. 건강한 자기애(Healthy Narcissism)의 발달과정

(1) 과대자기 축의 발달

초기의 행복한 상태를 유지하기 위해서 완전한 자기, 곧 '자기

26

애적 자기'를 만들려고 시도하는데 Kohut(1968)은 이를 과대자기(Grandiose Self)라고 불렀다. 과대자기는 자기 안에 완전하다는 느낌을 만들어 내어 잃어버린 행복한 상태를 회복하려고 노력하는 아이가 만든 결과이다. 완벽한 자기의 환상에서 발생하며 과대환상은 과대자기의 관념적 내용이며, 전지전능함을 담고 있다.

전능감, 과대주의 그리고 과시주의적 자기애는 과대자기의 특징적인 모습이다. 이런 측면들은 아이의 과대주의가 수용되고 부모가 이런 모습을 즐길 때, 비로소 변형되기 시작한다. 아이가 과대주의와 전능감을 드러내며, 이를 반영해 주기를 요구할 때, 부모가 그 요구에 호의적 반응을 보이면, 버릇없는 과시적 요구와 과대적 환상은 감소하고, 자기 현실의 한계를 인정하게 되고, 과대자기의 요구들은 현실적 기능과 자존감이 주는 즐거움으로 대치된다(Siegel, 1996).

포부는 아이의 과대적 환상체계에서 나온다. 이 환상은 항상 자기의 위대함과 완벽함을 증언해 줄 '중요한 타자'를 갈망한다. Kohut(1966)은 다양한 발달 단계들의 기능 및 활동과 관련되는 이 자기애적 에너지가 풍부한 상태를 유지하기 위해 아이는 함축적인 의미를 담고 있는, '자랑스럽게 보아주는 엄마의 눈빛'을 필요로 한다고 하였다.

과시주의(exhibitionism)는 아이의 자기애적 자기가 느끼는 정상적인 경험이다. '타자'가 자신을 향해 감탄하기를 갈망한다. Kohut에 의하면 과대적 환상이 건강과 질병 중 어느 쪽에 기여하는가는 자아의 현실적 목표에 통합되는 정도에 달려 있다. 만약 강하고 위대하다는 초기 자기애적 환상이 외상에 의해 공격받지 않고 점차적으로 자아의 현실 – 지향적 조직으로 통합되면, 자아는 그 힘을 삶의 적응을 위해 사용할 수 있게 된다. 이런 과대감은 결국 자아 안에 통합되어 자신감 있는 건강한 활동과 성공을 즐길 수 있는 능력이 된다(Siegel, 1996). 과대자기는 무한한 능력과 과시적 소망이 담긴 복합체이다. 개념적으로 보면, 무의식 속에 존재하며, 행동조절, 자존감 그리고 포부에 영향을 준다.

최초의 자기애는 삶의 중심적 의도와 건강한 자존감 속에 성공할 권리에 대한 확실한 주장과 확신을 불러일으킨다(Kohut, 1971).

(2) 이상화된 부모원상 축의 발달

과대자기 축의 중심기제는 '나는 완벽하다'인 반면 이상화된 부모원상 축의 중심기제는 '너는 완벽하며, 나는 너의 일부이다'이다. 이상화된 부모원상 축은 완벽한 타자와의 융합을 추구하는 환상을 담고 있다. 전능한 존재와의 융합은, 만족, 강함, 온전감을 가져다 준다. 이상화된 부모원상 축은 무의식속의 소망, 두려움의 복합체이고, 긴장조절에 영향을 미치며, 종국에는 자신이 소중히 여기는 이상의 일부분이 된다.

아주 어린 시절에 공감적인 어머니의 아이는 어머니가 보여주는 달래주고 조절하는 기능을 내재화하여 자기 안에 긴장을 조절하는 심리구조를 만들어 낸다(Siegel, 1996).

Kohut은 성숙한 자기는 포부가 이끌고, 이상들의 인도를 받는다고 믿었다. 그것은 사춘기, 성인기, 노년기를 통하여 성장, 변화된다. 정신분석의 목적인 건강이란, 포부, 재능, 이상이 단절 없이 한 연속선으로 존재하는 기능적 자기를 확립하는 것이다. Kohut에게 있어서, 건강한 자기는 과시주의적 긴장 안에서 불편감 없이 포부를 추구하고, 그 자기가 기술(skill)과 재능(talents)을 실현할 수 있도록 돕는, 신뢰로운 이상의 안내를 받는 자기를 말한다. 즉, 자기 안에서 단절되지 않은 연속선이 삶에 즐겁고 창조적인 느낌을 제공하는 것을 말한다(Siegel, 1996). 그리고 자기애는 변형되어 다섯 가지의 성숙한 특성을 나타내는데 그것은 창의성, 공감, 유한성의 수용, 유머, 지혜라고 Kohut(1966)은 언급하였다.

결론적으로 자기애, 즉 건강한 자기가 발달하기 위해서는 유아와 자라나는 아동의 두 가지 필요—정상적인 과대주의를 반영(mirroring)해 주는 것과 양육자가 이상화할 수 있는 가능성을 가진 대상으로서 있어 주는 것(idealizing)—을 적절하게 충족해 주어야 한다는 것이다.

다. 방어적 자기애(Defensive Narcissism)의 발달과정 - 건강한 자기애의 발달정지

(1) 과대자기 축의 발달정지

과대자기의 발달정지는 분열을 가져온다. 분열은 과대자기의 분열된 형태의 수직분열(Vertical Spilt)과 과대자기의 억압된 형태인 수평분열(Horizontal Split)이 있으며 이러한 분열로 인해 과대자기는 현실에 기초한 자기와 접촉하지 않은 상태로 남게 되어 원시적인 과대자기는 현실적인 자존감으로 변형되지 않고, 끊임없이 반영 받으려는 욕구와 자존감의 결핍이라는 특성을 나타낸다. 이는 병리적 자기애로 고통 받는 사람들이 한편으로는 과대적이고 타인들에게 우월감을 느끼면서도 다른 한편 사소한 것에도 상처 입는 취약성을 보이는 모순된 현상의 모습을 Kohut이 관찰한 설명에서 볼 수 있다.

병리적 자기애의 일반적 구조는 과대주의와 현실적 성향의 텅 빈 자기 사이의 수직분열과 고갈된 자기가 취약한 핵심자기를 억압하는 수평분열을 모두 포함한다. 수직분열이 일어나면, 현실과 어느 정도의 관계를 맺는 기능적인 과대자기를 형성하지만, 정신의 다른 부분과 단절된 채로 남게 되고 뽐내고, 우월한 태도, 냉담한 거만으로 나타난다. 의식적인 감정은 무기력, 우울, 공허한 특성을 지닌다. 수평분열은 낮은 자존감, 막연한 우울감, 주도성의 결여를 포함하는 전반적인 심리적 황폐화가 발생한다. 수직분열과 수평분열은 자기의 과대적 – 과시적 욕구들이 표현될 수 없었음을 의미하며 그 결과 표현되지 못하고 가로막힌 과시주의는 긴장을 발생시킨다. 무의식적 과시주의의 전형적인 표현은 건강염려증, 수치경향, 지나친 자기 – 의식으로 나타나며 이는 자기애적 성격장애의 공통적인 특성이다. 발달이 정지된 과대주의는 자기애적 상처(Narcissistic Injury)에 취약한 상태로 남게 된다.

(2) 이상화된 부모원상 축의 발달정지

이상화된 부모원상 축은 최적의 환경에서 성인의 성격 안에 통합되어 이상을 안내하는 지도력을 공급함으로써 정신조직을 구성하는 중요한 요소가 된다. 이상화된 대상과의 관계에서 생긴 장애는 외상을 발생시킨 주된 충격이 경험되었던 발달 단계에 따라 세 부류로 구분될 수 있다(Kohut, 1971). 이에 따라 후기에 가서 중

독증상, 성적(sexual) 문제, 이상화 대상을 끊임없이 찾게 되는 현상이 발생한다고 하였다.

어머니가 지나치게 공감적이거나 비공감적일 때, 구조를 건설하는 내재화는 발생하지 않는다. 이런 경우 자신을 달래주고 긴장을 조절하는 것을 외부요소에 의존한다. 어머니의 공감적 조율이 어긋날 경우, 아이는 보통 그에 대한 보상으로 아버지에게로 향한다. 만약 아버지가 아이에게 그 자신을 이상화할 수 있도록 기여하고, 점진적으로 아이가 심리적으로 감당할 수 있을 때 자신에 대한 이상화에서 벗어날 수 있도록 허용한다면, 아이의 중요한 심리구조가 건설된다. 아버지에 대한 엄청난 실망으로 인해 이상화가 깨질 때, 구조건설의 두 번째 기회를 잃게 되며, 광범위한 취약성에 노출된다(Siegel, 1996).

Kohut의 관점에서 자기장애는 반영 받고자 하는 욕구(mirroring)와 이상화(idealization)에 대한 인간의 욕구에 대해 만성적이고 깊은 실패 반응들에서 기인한다. 이러한 실패들은 사람들에게 우울, 불안, 격노반응, 그리고 자기-응집 손상과 연관된 긴장상태를 덜기 위해 시도하는 다양한 행동장애들의 소인을 만든다. 증상형성은 수용할 수 없는 추동상태나 충동들의 문제가 아니라, 자기응집성이 위협당한다는 것이며 이는 정신병리의 근본적인 핵심이다(Silverstein, 1999).

자기애의 두 가지 축에 대해 요약해 보면, 이상화된 부모원상이 이상화 대상을 경외의 눈길로 바라보는 데 비해, 자기애적 자기는 자신을 경외와 감탄의 눈길로 바라봐 주길 소망한다. 이상화된 부모원상이 이상의 형성에 기여하는 반면, 자기애적 자기는 포부의 형성에 기여한다. 그러나 자기애의 발달이 이루어지지 않으면 과대자기의 축에서는 자존감이 박탈된 모습을 띠고, 타인의 반응에 민감하며 이상화된 부모원상에서는 이상화가 약화된 이상이 나타난다고 할 수 있다.

자기의 구조를 형성하고 응집적이고 활력이 넘치며 질서가 있는 자기를 형성하기 위해서는 아동의 자기대상들이 자신의 자기중심적 욕구 즉 자기애적 욕구로 아동에게 반응하는 것이 아니라, 아이의 욕구에 공감적으로 반응하며 아이의 과대주의와 과시주의에 대해 적절히 반영해 주는 것을 필요로 한다. 공감 받은 자기라는 것은 한없이 공감을 받는다는 것보다는 현실적으로 공감실패가 있을 수밖에 없는데, 시기적절한 점진적인 공감실패나 단계 적절한 좌절을 경험함으로써 변형적 내재화(transmuting internalization)의 과정을 통해 심리구조를 발달시키고 건강한 자기애가 발달한다는 것이다.

Kohut은 건강한 자기를 갖기 위한 자기대상욕구—거울욕구(mirroring need), 이상화욕구(idealizing need), 쌍둥이욕구(twinship need)—를 치료과정을 통한 자기대상 전이—거울전이(mirroring transference), 이상화전이(Idealizing transference)—의 관찰을 통하여 통찰하였다. 즉 건강한 자기를 형성하려면 자기가 갖는 이러한 욕구가 시기별로 적절히 충족되어야 한다는 것이다.

자기대상욕구 중에 거울욕구는 과대자기의 축과 관련된 자기의 욕구이고, 이상화 욕구는 이상화된 부모원상 축과 관련된 자기의 욕구이다. 쌍둥이 욕구는 말하자면, 일체감을 느낄 수 있는 대상의 존재를 갈망하는 욕구라고 할 수 있다. 이는 상담 장면에서 자주 관찰되는데, 성인상담에서 내담자들이 자신의 아동기를 회고할 때, 현실적인 관계가 희박했던 경우에 보고하는 내용은 상상 속의 친구가 있었다거나, 상상 속의 단짝이 있었다는 내용들을 보고하는 데서 관찰할 수 있다.

만연적인 공감의 실패나 과대주의와 과시주의에 대한 반영의 실패, 이상화할 수 있는 대상의 부재로 인한 결핍들은 건강한 자기애의 발달정지를 가져온다. 상처가 되는 갑작스런 좌절은 자기의 구조를 형성하지 못하게 하기 때문에 발달정지와 관련된다. 이러한 자기애의 발달정지가 과대자기 축에서 일어날 때는 개인의 리비도를 현실적응에 사용하기보다는 건강염려증, 지나친 자의식, 수치에 민감한 경향을 발달시키며, 완벽주의, 지배성향, 우월성의 경향을 보일 수 있으며 자존감이 취약한 형태를 보인다. 이상화된 부모원상 축에서 발달정지가 이루어진다면, 발달시기에 따라서 중독경향, 성도착이나 성화(性化)된 문제들, 의지할 대상을 끊임없이 찾는 현상들, 계속해서 새로운 운동(movement)이나 사상들에 매달리는 경향 등을 나타낼 수 있다.

Kohut은 건강한 자기를 형성하기 위해서는 평생을 통해서 자기대상욕구가 지속된다고 하였고, 이는 인생 연령별로 갖는 특성이 있을 것이다. 임상 장면에서 만나는 사람들은 이러한 자기대상욕구에 대해서 발달정지 상태에 있다고 할 수 있기 때문에 원초적 수준에 머물러 있는 경우라 할 수 있고, 자기가 성숙해 감에 따라 이러한 자기대상욕구도 수준을 달리하여 표현된다고 하였다. Kohut은 자기애적 성격장애자들의 과장된 과대주의와 무능력의 문제를 병적이고 과도한 자기애의 문제로 보는 것은 피상적인 이해에 머문 것이며 문제의 근원은 건강한 자기애의 발달이 정지된 것에 있다고 이해했다.

위에서 살펴본 바와 같이 Kohut은 자기애가 독자적인 발달노선을 갖고 있기 때문에 Freud가 일차적인 자기애에서 대상사랑으로 발달한다는 노선과는 달리 자기애에서 두 가지 발달노선이 있다고 개념화하였다. 이와 같은 Kohut의 자기애 개념에 따라 본 연구에서는 과대자기 축과 이상화된 부모원상 축의 각 축에서 건강한 특징을 각각 도출할 수 있으며, 또한 발달이 정지될 때 방어적 자기애가 구축된다는 것을 제시할 수 있다. 즉 자기애의 하위 차원에는 과대자기의 축과 이상화된 부모원상의 축이 있으며 과대자기의 하위 차원으로 건강한 과대자기와 방어적 과대자기가 있고, 이상화된 부모원상 축의 하위 차원에는 건강한 이상화된 부모원상과 방어적 이상화된 부모원상이 있다고 본다. 그러므로 본 연구에서는 자기애는 3차원의 위계 구조의 형태를 가진 모형으로 가정하고, 측정모형을 통해 검증하고자 한다. 이를 위해서 우선 기존의 자기애 측정도구들을 살펴보는 것이 의미가 있다고 본다.

2. 기존의 자기애 측정도구들

여기에서는 자기애 측정도구들에 대해 Kohut의 자기애 개념모형을 따라서 과대자기 축과 이상화된 부모원상 축의 두 축과 관련된 특성을 분류의 기준으로 보고 자기보고식 지필검사를 중심으로 살펴보고자 한다.

가. 과대자기 축과 관련된 측정연구들

(1) Narcissistic Personality Disorder Scale
(NPDS; Ashby, Lee & Duke, 1979)

이 척도는 자기애적 성격장애를 지닌 개인을 확인하기 위해 MMPI로부터 선택된 19문항으로 구성되어 있다. Kohut은 자기애적 성격장애를 지닌 개인을 확인하는 유일한 방법은 내담자가 치료기간 동안 거울전이나 이상화전이가 일어나는가를 관찰하는 것이라고 강조했고, Ashby 등(1979)은 심리치료과정 중에 출현하는 거울전이(mirroring transference)나 이상화전이(idealizing transference)가 나타나는 것을 기다리기보다 이를 측정하는 도구개발을 시도했다. 거울전이와 이상화전이의 수립으로 결정되는, 자기애적 성격장애자의 준거에 맞는 심리치료를 하는 내담자(n = 20)에 대해 MMPI에서의 문항반응은 정상집단(n = 20)과 자기애적 장애를 가지지 않은 심리치료 내담자집단(n = 24)에 해당하는 반응과는 대조적이었다.

Solomon(1982)은 도구의 구인 타당도에 대한 증거들을 더 제시했다. 그는 MMPI 척도가 자기 - 존중감, 애정관계에 만족하는 데서의 개입, 악몽의 빈도에 대한 측정에서 개인 간의 차이를 발견했다. 추후연구는 MMPI의 자기애적 성격장애 척도의 심리측정적 특성에 관한 부가적인 자료를 더 수집할 필요가 있다(Slyter, 1989).

(2) Narcissistic Personality Inventory
(NPI; Raskin & Hall, 1979, 1981)

자기보고식 방법의 54문항으로 구성된 NPI는 DSM－Ⅲ(American Psychiatric Association, 1980)의 자기애적 성격장애에 대한 진단적 준거를 사용하여 비임상집단을 대상으로 개발되었다. NPI는 성격 특성으로서의 자기애에서 개인차를 측정할 수 있도록 만들어졌고, 도구가 성격장애를 측정하는 것은 아니라고 언급했다(Raskin, & Hall, 1979). 도구의 반분신뢰도는 $r=.80$(Raskin & Hall, 1979), 8주 간격의 동형검사 실시를 통해 얻은 신뢰도는 $r=.72$(Raskin & Hall, 1981)였고 Chronbach α 계수는 .86이었다(Raskin & Hall, 1979).

Emmons(1984)는 NPI를 요인분석을 했고, 4개의 구인(착취성/특권의식, 리더십/권위, 우월성/거만, 자기－몰두/자기찬탄)을 발견했다. NPI의 수렴타당도와 변별타당도는 성격에 해당하는 이들 하위 척도들 간의 상관을 낸 Emmons(1984)에 의해 제시되었고, 지배성, 과시주의, 외향성, 자기－존중감과 자기－감찰과 같은 특성과는 정적 상관을, 굴욕, 복종, 사회적 불안과는 부적 상관이 있는 것을 발견했다.

과대주의와 지배성, 과시주의, 외향성, 자기－존중감 간의 정적인 상관들은 예측되는 관계들이다. 지배성은 통제행동, 과시주의, 외향성을 측정할 것이고, 외향성은 간접적으로 다른 사람으로부터 관심과 같은 자극에 해당하는 높은 욕구를 측정한다.

자기애의 의미는 매우 불명확하다. NPI가 자기애적 성격장애에 대한 DSM－Ⅲ의 준거로부터 도출되었다 하더라도, 병리적인 자기애의 특성을 가리키기보다 과대주의의 형태의 덜 심각한 형태

(Lapan & Patton, 1986)를 측정하기 위한 것이었다. 이들 태도들 (즉, 우월성, 착취성)은 Kohut이나 Kernberg에 의해 기술된 정상적 자기애를 구성하는 것으로 보이지 않는다. '정상' 성격으로서의 자기애의 의미에 관한 질문은 그대로 남아 있다(Slyter, 1989).

우리나라에서는 한수정(1999)이 이를 번역하여 사용하였다. 문항은 40문항이었고, 내적 합치도 α =.85를 나타냈다. 정남운(2001b)은 한수정(1999)이 번안한 40문항에 대해서 NPI의 한국적 타당화를 위해 요인분석 연구를 하였다. 요인을 분석하여 32문항으로 구성하고 리더십 / 자신감, 권력욕구 / 특권의식, 과시 / 칭찬욕구, 우월의식의 4가지 요인으로 명명하였다. 요인 1에서 10문항, 요인 2에서 9문항, 요인 3에서 9문항, 요인 4에서 4문항으로 나타났다. 전체척도의 Chronbach α =.85를 보였고, 하위 척도들의 내적 합치도는 각각 순서대로, α =.70, .73, .68, .65.로 나타났다.

(3) Millon Clinical Multiaxial Inventory(MCMI; Millon, 1982)

MCMI는 기본적이고 병리적인 성격 스타일과 증상장애를 측정하기 위해 고안된 참 / 거짓 응답 형태의 175문항으로 구성되어 있다. 하위 검사에 해당하는 병리적 자기애를 측정하는 MCMI의 자기애적 척도는 43문항으로 이루어져 있고 1주 간격의 검사 – 재검사신뢰도는 r =.81이었다. 임상집단에 대해 타당화가 이루어졌다(Millon, 1982). Auerbach(1984)는 일반대학생들을 대상으로 연구한 NPI와 상관에서 r =.55를 보여주었고, Priftera & Ryan(1984)는 정신과 집단에서 NPI와 r =.66의 상관을 얻었다. Auerbach (1984)는 Millon의 자기애적 성격에 대한 개념이 명확하지 않거나, 그의 척도는 성격장애에 대한 방어적 층들을 단지 설명하고 있다고 하였다.

최영안(2002)는 MCMI – Ⅲ의 타당화 연구에서 일반집단과 임상집단을 대상으로 비교, 연구하였다. 하위 척도의 하나인 자기애성 척도문항을 타당화를 통하여 24문항으로 구성하였다. 여기에서 나타난 내적 일치도는 전체집단에서 Chronbach α =.52, 임상집단에서 Chronbach α =.51, 일반집단에 대해서 Chronbach α =.55로 다소 낮게 나타났다.

(4) Narcissistic Personality Scales(Wilson & Prabucki, 1983)

DSM – Ⅲ(American Psychiatric Association, 1980)에서 정의된 자기애적 성격장애에 대한 명백한 진단적 준거를 기초로 구성하였다. 자기애에 대한 7가지 차원을 언급하였다. 7가지 차원은 자기 – 과대성, 이상화, 과시주의, 자기애적 미분화, '특권의식' 공감부족, 대인착취이다.

이 연구는 Erikson의 자아발달 단계를 사용하여 자기애적 성격증상의 심리사회적 선행자를 측정하기 위한 것으로 의도된 것이었다. Kohut과 Erikson의 이론을 지지하면서, 결과들은 자기애적 성격의 증상들의 여러 차원들을 단계 – 세부적 예언자로 가리키고 있다. 연구된 자료는 측정에서의 문항 수, 척도의 구인타당화 절차, 신뢰도 측정에 대해서는 언급되어 있지 않았다.

(5) Selfism Scale(Phres & Erskine, 1984)

인지적인 변인으로서 자기애가 검토되었고, 여기서 Selfism이라

38

는 용어는 정신분석적 함축이 없다. Selfism은 Rotter의 사회적 학습이론의 틀 안에서 문제를 해결하는 일반적 기대로서 간주한다. 척도는 어떻게 사람들이 욕구만족(즉, 성취, 의존, 사랑과 감정 등)에서 문제들이 있는 상황을 해석(Phrares & Erskine, 1984)하는지를 측정한다. 높은 점수는 여러 상황에서 이기적이고 자기중심적인 것으로 범주화된다.

Phares & Erskine(1984)은 측정의 최종 28문항은 모두 Selfism을 가리키는 것이었다. Selfism 척도는 적절한 신뢰도와 타당도를 보여주었다. 7주 간격의 검사 – 재검사신뢰도에서는 $r=.61(p<.001)$, 4주 간격의 검사 – 재검사신뢰도에서는 $r=.91(p<.001)$의 신뢰도 수준을 보여주었다. 구인 타당도의 측면에서 볼 때 이 척도는 자기애의 개념 중 중요한 측면인 이기심(Selfishness)을 측정하고 있는 것으로 생각되며, 그러므로 자기애 구인의 복합적이고 다차원적인 특성을 측정하지 못하고 있다.

(6) Multiphasic Narcissism Inventory(OMNI ; O'brien, 1987)

DSM – Ⅲ(American Psychiatric Association,1980)의 진단준거와 Miller(1981, 1984, 1985)의 이론을 기초로 하여서 병리적인 자기애의 특성을 측정하도록 고안되었다.

75문항의 예, 아니요로 응답하도록 구성되어 있고, 요인분석을 통해 세 개의 요인을 추출했다. 요인 1은 Kernberg의 자기애적 성격유형이 반영된 내용으로서, 자기애적 성격차원(the Narcissistic Personality Dimension)이라고 명명하였다. 요인 2는 자기애적 대상집중에 대해서 언급한 Kohut(1971)의 논의를 내용으로 하는 것으로서, 유해한 교육

차원(Poisonous Pedagogy Dimension)이라 하였고, 요인 3은 자기애적으로 학대당한 성격차원(Narcissistically Abused Personality Dimension)으로 명명하였다. 신뢰도 계수는 각각, α = .76, .73, .71이고, 6주 간격의 재검사신뢰도는 r = .74, .72, .71로 나타났다. 타당도를 위해서 NPI와 Eysenck 성격검사와의 상관을 구하고 적절한 타당도를 보여주었다. O'brien(1988)은 그 후에 임상집단을 대상으로 한 후속연구를 통해 임상집단이 정상집단보다 더 높은 점수를 얻는 결과를 얻어 임상집단을 변별하는 데 이 도구가 유용함을 입증했다. 그러나 이 척도는 자기애의 병리적인 측면만을 내용으로 하고 있다. 자기애의 정상적인 발달과 건강한 측면에 대해서는 고려하지 않았다.

(7) Hypersensitive Narcissism Scale
(HSNS; Hedin & Cheek, 1997)

이 검사는 Murray(1838)가 자기애적인 사람들에게서 상호 모순된 경향, 즉 한편으로는 자신을 지나치게 과장하는 과대망상의 경향이 있음과 동시에 다른 한편으로는 다른 사람의 평가와 비판에 민감하게 반응하는 경향이 있음을 관찰하고 이를 측정하기 위하여 대학생들을 대상으로 개발한 자기애 검사(Murray's Narcisism Scale)에 기초하고 있다. Hendin과 Cheek(1997)은 20개 문항으로 된 Murray의 자기애 검사 중에서 내현적 자기애를 측정하는 MMPI 척도들과 높은 상관을 보인 10개 문항으로 과민성 자기애 척도(HSNS)를 구성하였다. 내적 일치도는 표본에 따라 Chronbach α = .62∼.76의 범위를 가지고 있다.

우리나라에서는 정남운(2001a)이 번역하여 사용하였고, 요인분석의 결과 두 가지 요인을 발견했다. 요인 1은 평가예민성으로 타인의 평가에 대한 불안과 예민함, 혹은 타인으로부터 인정을 받고자 하는 욕구와 관련된 것이고, 요인 2는 자기몰입으로 명명한, 자기 자신의 문제에 지나치게 몰두하여 타인을 배려할 여유 혹은 의사가 없음을 표명하는 것이라고 하였다. 이 또한 자기애의 건강한 차원을 고려하지 않은 도구이며 Kohut이 말한 자기의 이중 축 중에서 과대자기 측면의 방어적 특성만을 볼 수 있는 도구이다.

(8) 자기 주도적 자기애와 타인의 존적 자기애 척도(강은영, 2001)

자기애의 적응적인 측면과 부적응적인 측면을 측정하기 위해 개발한 자기보고식 검사이다. 2가지 하위 요인으로서 34문항의 5점 척도로 구성되어 있다. 자기주도적 자기애의 Chronbach $\alpha = .90$, 타인의존적 자기애의 Chronbach $\alpha = .85$이다. 본 척도는 자기애를 측정하는 세 개의 척도, 즉 NPI의 40문항, Morey의 자기애적 성격장애 14문항, 황순택의 자기애적 성격장애 척도 18문항을 합하여 총 72문항에 대해서 요인들이 적응과 부적응 측면인 2요인 구조로 문항들이 묶이는지 요인분석을 실시하였다. 적응적 측면의 자기애를 자기주도적 자기애라고 명명하고, 부적응적 측면을 타인주도적 자기애라고 칭하였다. 자기주도적 자기애는 리더십을 행사하기를 선호하고, 주장성 및 권위성과 같은 내용을 묻고 있다. 타인주도적 자기애에서는 타인의 비판에 대한 민감성, 타인에 의해서 자신의 중요성을 인정받고 싶어 하지만 그 자기애적 욕구가 충족되지 않았을 때, 정서적인 문제에 어려움을 보이는 내용으로 이루어져 있다. 각 하위 요인 17문항 총 34문항으로 이루어져 있다.

긍정적 측면을 고려하고 있으나, 이 도구 또한 Kohut(1971, 1977, 1984)이 말하는 과대자기의 측면에 대해서 통합적으로 설명하지는 못하고 있으며, 자기애의 또 다른 노선인 이상화된 부모원상의 축에 대해서는 그 내용이 포함되어 있지 못한 것으로 보인다.

위에서 Kohut의 자기애 발달노선 중 하나인 과대자기의 측면과 관련지어 일부분 설명할 수 있는 8가지의 자기애 측정도구들을 살펴보았다. 위의 도구들은 Kohut이 말한 이상화된 부모원상 축의 개념과 관련된 내용들은 배제되어 있는 것으로 보이며, Ashby, Lee & Duke(1979)의 NPDS는 심리측정적 특성에 대해 부가적인 자료를 필요로 하며, Raskin & Hall(1979, 1981)의 NPI는 정상성격으로서의 자기애의 의미를 담고 있지는 못한 것으로 보인다. Millon(1982)의 MCMI는 병리적 자기애만을 측정하고 있는 것으로 보이며, Wilson & Prabucki(1983)의 NPS도 DSM-Ⅲ의 자기애적 성격장애에 대한 진단을 준거로 구성하였으나 건강한 과대자기의 측면에 대한 내용이 배제되어 있으며 연구자료에서 신뢰도와 타당도에 대한 자료가 누락되어 있었다. Phres & Erskine(1984)의 척도는 개인의 이기적인 정도만을 측정하여 자기애의 복합적인 특성을 언급하는 것은 아니며, O'brien의 OMNI 또한 병리적인 자기애의 특성만을 측정하는 것이었다. Hedin & Cheek(1997)의 HSNS는 타인의 평가에 대한 불안과 예민함과 자기몰입에 대한 요인을 측정하는 것으로 자기애의 복합적인 특성을 고려하지 못한 것으로 보인다. 강은영(2001)의 자기주도적 자기애와 타인의존적 자기애 척도는 적응적 측면과 부적응적 측면의 특성을 고려하여 이루어졌지만, Kohut이 말하는 이상화된 부모원상 축뿐만 아니라

42

과대자기의 방어적 측면과 건강한 측면이 포괄적으로 포함되어 있지 않다. 그러므로 Kohut이 말하는 과대자기의 건강한 측면과 방어적 측면에 대한 폭넓은 내용의 과대자기를 측정하는 도구가 필요한 것으로 생각된다. 위의 도구들은 과대자기 축의 일부분의 특성 중 병리적인 부분을 측정하거나, 건강한 차원을 고려했다 하더라도 임상적으로 폭넓은 적용이 가능한 Kohut의 개념에서 도출되어 광범위한 내용을 포함하고 있는 도구가 아니다. 그러므로 정상 성격의 발달로서의 자기애를 측정할 수 있는 과대자기의 건강한 측면과 자기애의 발달정지로서의 과대자기의 방어적 측면을 측정하는 도구가 현실적으로 요청된다.

나. 과대자기 축 및 이상화된 부모원상 축과 관련된 측정연구들

아래에서 제시되는 척도들은 Kohut의 자기심리학으로부터 도출되어 두 가지 발달노선에 따른 자기애의 측면들을 측정하는 도구들이다.

(1) The Superiority and Goal Instability Scales (Robbins & Patton, 1985)

이 척도는 Kohut이 말한 자기의 두 가지 발달노선에 대해서 건강한 과대자기와 건강한 이상화된 부모원상이 아니라, 덜 성숙한 형태의 두 가지 발달노선에 대해 측정하고 있다.

대학생들을 대상으로 진로발달과 연관하여 우월성 척도(과대자기축)와 목표불안정 척도(이상화된 부모원상 축)를 최종 20문항으로 제작하였는데, Robbins & Patton(1985)에 따르면, 목표불안정성 척도에 있는 문항은, "일반적인 불안정성 혹은 방향으로, 이상화된 부모원상 축에서 한 가지 내용만을 측정하는 것으로 보인다. 반면, 우월성 척도의 대부분 문항들은 다른 사람들에 대해 갖는 우월성으로서 자기의 거만한 평가가 중심적이다."(Robbins & Patton, 1985)

그들은 과대주의 척도에 대해 내적 일치도를 적절한 수준에서 α = .76의 신뢰도 계수를 나타냈고, 이상화 척도에 대해서는 α = .81의 신뢰도 계수를 나타냈다(n = 133)(Robbins & Patton, 1985). 2주 간격의 검사–재검사신뢰도 계수는 과대주의와 이상화 척도에서 r = .80과 r = .76을 상대적으로 나타냈다(n = 72) (Robbins & Patton, 1985). 공인 타당도는 8가지 측정의 자기척도들과 상관관계로 검증되었다.

8가지의 측정은 연령, 자기존중감(Rosenberg, 1979), 직업적, 비직업적 흥미를 기초로 한 내향성 / 외향성 지표(Campbell & Hansen, 1981), 진로결정 척도(Osipow, 1980), 흥미 패턴 성숙지표(INTPM: Ohlde, 1979; Miller, 1982), 자기애적 성격척도(NPI: Raskin & Hall, 1979, 1981), 사회적 바람직성 지표(Crowne & Marlowe, 1960), 개인 능력 척도(Ostrow et al., 1981)이다.

목표불안정 척도는 나이를 포함한 여러 측정치들과 유의미한 상관을 보였다. 자기의 이상화 영역에 해당하는 목표불안정 척도 문항과 낮은 자기–존중감, 내향적 활동들을 선호함, 직업에 대한 낮은 수준의 의사결정은 유의미한 정적 상관이 있었다. 또한 사회적 바람직성(social desirability)과 부적 상관이 다소 있었다.

과대자기의 영역에 해당하는 우월성 척도는 NPI와 외향성 측정

44

과 높은 상관이 있었고, 또한 연령과는 부적 상관이 있었다. 우월성 척도문항에 점수를 준 사람들은 직업선택 결정에서 더 낮은 점수를 보이고, 사회적으로 바람직하게 반응하는 것에 관심이 없고, 흥미 패턴에서 더 큰 차이를 보이는 것으로 나타났다.

우월성과 목표불안정성 척도는 대학에 현재 적응하는 것과 상담 상황에서 활용잠재성이 매우 높은 것으로 보인다. 왜냐하면 이 연구의 의도는 학부수준의 학생들의 진로발달에 대하여 Kohut의 이론을 적용하는 데에 초점이 맞추어져 있기 때문이다. Robbin & Patton(1985)은 "두개의 자기 - 척도로 측정된 자기 - 표현의 형태인 과대자기와 이상화 형태의 난점은 자기의 심각한 취약성이나 자기의 결함을 반드시 의미하는 것은 아니며 오히려, 대학생활의 적응과 관련된 특별한 스트레스로 인한 자기 안에서의 쇠퇴를 반영할 것(Kohut, 1984)이다"라고 언급한 바 있다. 그러나 문제점은 건강한 자기애의 측면이 포함되지 않았고, 척도들의 정의가 협소한 채, 즉 하나의 노선에서 한 개의 내용으로 구성되어 있다.

(2) Pseudoautonomy and Peer - Group Dependence
   (Lapan & Patton, 1986)

Robbin & Patton (1985)과는 달리 임상집단의 청소년 대상으로 두개의 자기 - 보고 척도를 개발했다. 문항들은 Kohut의 과대주의와 이상화의 개념을 측정하도록 구인화되었다. 문항들은 강제선택적 자기 - 보고 척도로 구성되어 있다. 47문항과 48문항의 총 95문항에서 출발하여 각 8문항의 총 16문항을 축출하였다. 한 쌍으로 이루어진 각 문항에 대해 과대주의를 서술한 것이든 혹은 이상화를 서술한 것이든 둘 중 하나를 선택하도록 중립적으로 쓰였다. 의사자율성 (Pseudoautonomy) 척도는 청소년들의 방어적인 독립성과 비동조성을 대표하는 것으로 추정된다. 또래 집단 의존(Peer – Group Depencence) 척도는 청소년들의 방어적인 의존과 친구들로부터의 재확신의 욕구를 측정하는 것으로 추정된다(Lapan & Patton, 1986).

의도한 이론적 구인을 대표하는 점수선택의 가정을 지지하는 .87의 Kappa 상관(Lapan & Patton, 1986)을 보인다. 내적 일치도와 전체 척도 신뢰도를 검증하기 위해 이루어졌고 문항 수가 축소되었다. 척도의 단일 차원성이 요인분석으로 확인되었다. 척도들은 높은 신뢰도를 나타냈고 단일 차원적이었고 각각으로부터 독립적이었다($r = .31.$). 변별분석—두 척도에 대한 두 점수를 사용—은 청소년집단별(입원한 자 대 입원하지 않은 자)로 당시의 75%를 정확하게 예측했다. 두 척도들은 이 청소년집단을 예언하는 유의미한 것이었다. 그러나 연구자들은 요인의 안정성과 척도의 단일 차원성을 연구하고 후속적인 추가적인 정보를 얻기 위해 타당도 연구들이 필요하다고 제안했다.

기본적으로, Lapan & Patton(1986)은 원래 구인들의 의미에 없어서는 안 될 문항들을 배제한 것으로 생각된다. 그러므로 남아 있는 문항들은 의도한 이론적 구인들을 반영했을 수도 안 했을 수도 있는 요인으로 정의된 단일 차원적 척도들이다.

46

(3) The Client Cohesion of Self-Schemata Scales
    (Patton, Connor & Scott, 1982)

이는 Kohut의 자기심리학(1971, 1977)의 주요한 구인으로부터 도출되었다. 일련의 10개의 자기척도들(자기-표상 양식, 주장성, 야망, 타인과의 분화, 다른 사람들에 대한 감탄, 목표, 공감, 자기존중감 조절의 소재, 긴장 인내, 능력의 활용)은 상담에서 내담자들의 자기-응집성에서의 변화를 측정하기 위해 개발되었다. 자기-응집성은 자기의 확고함과 견고함을 지칭한다. 8점 척도로 '최적의 자기-응집에서 심각한 비응집'까지 각각의 척도에 자기-응집의 심각성의 연속을 나타내는 것으로 구인화되었다.(Patton, Connor & Scott, 1982).

10개의 자기척도 중 3개(자기-표상 양식, 주장성, 야망들)는 과대자기 축의 발달을 측정한다. 척도1(자기표상 양식)은 매일의 삶에서 개인이 보이는 외양, 있는 그대로, 과시주의적인 행동 혹은 자기표현을 더 억제하는 척도의 부정적 방면에 자기-몰두와 긍정적인 방면인 타인에 대한 민감성을 내용으로 담고 있다. 척도2(주장성)는, 효과적인 혹은 비효과적인 개인의 욕구, 권리 책임에 대한 자기-표상. 척도3(야망)들은 뭔가를 성취하고자 하는 소원들을 나타낸다.

두 번째 발달노선인 이상화된 부모원상은 세 가지 자기척도(타인과의 분화, 다른 사람들에 대한 감탄, 목표들)이다. 척도4(타인과의 분화)는 부정적인 것과는 대조적으로 긍정적인 방면에서 다른 사람들로부터 의미 있는 분리, 그것은 중요한 다른 사람이 없을 때 느끼는 절망감을 묘사한다. 다른 사람들에 대한 척도5(감탄)는 긍정적 타인의 현실적인 자질들에 대한 건강한 존중에서부터 척도의 반대편 극인 유아적인 이상화까지의 범위이다. 척도 6(목표들)은 목표-지향성의 감각이 있는 것인지 없는 것인지를 언급한다. 또한 4개 척도들(공감, 자기-존중감 조절의 소재, 긴장 인내, 능력의 활용)은 자기의 다른 중요한 기능들을 측정하도록 구인화되었다.

Patton 외(1982)의 자기-도식 척도의 내적 일치도는 Kendall의 일치계수를 사용하여 탐색되었다. 타인에 대한 감탄척도를 제외한 모든 척도들에서 Kendall의 일치계수들은 높은 일치를 나타냈으며 응집적인 심리적 연속체로 주요지점들은 단일 차원으로 놓인다고 제안했다. Spearman 상관 평균은 척도5(타인에 대한 감탄척도는 r =.57)를 제외하고는 모두 매우 높았고 범위는 r =.75～.88이었다.

남아 있는 타인에 대한 감탄 척도는 낮은 신뢰도(r =.53)를 나타냈다. 그것은 10개 척도들에 대해 상호 일치가 낮았다. 이 척도의 타당도에 관한 자료를 Patton 등(1982)은 기술하지 않았다.

이 척도는 두 가지 면에서 다른 척도와는 다른 장점을 가지고 있다. 첫째, 일련의 이 척도들은 자기발달에 대한 Kohut의 이론의 다차원성과 복합성을 설명하는 Kohut이론으로부터 도출하여 척도화하려 한 점이다. 둘째, 최적의 응집에서 심각한 비응집까지의 범위의 연속체를 반영하는 자기척도라는 점에서 건강한 자기애적 발달을 설명하고 있다. 그러나 이 척도의 단점은 상호평정 일치가 낮고, 연구자료에서 타당도에 대한 유용한 자료가 없다. 그러므로 실질적으로 활용하기에는 제한점이 있는 것으로 생각한다.

(4) 내현적 자기애 척도

(CNS; Covert Narcissism Scale; 강선희, 2001)

강선희(2001)는 내현적 자기애 척도의 개발을 위해 Akhtar &

Thomson(1982)의 자기애적 성격장애의 임상적 특성을 내용영역으로 하여, 기존의 자기애 측정도구에서 적절한 문항을 빌려 오거나 새로운 문항을 개발하여 보완하는 방법으로 131개의 예비문항을 작성하고 최종 45문항을 요인 분석하여 5요인을 발견했다. 각 요인은 목표불안정, 인정욕구 / 거대자기 환상, 착취 / 자기중심성, 과민 / 취약성, 소심 / 자신감 부족으로 명명하였고, 전체 척도의 내적 합치도는 α =.90, 하위 척도들의 내적 합치도는 요인별로 α =.89, .81, .74, .80, .77로 높은 수준의 신뢰도를 나타냈다. Akhtar & Thomson(1982)은 자기개념, 대인관계, 사회적 적응, 윤리와 규범 및 이상, 사랑과 성, 인지 양식의 여섯 가지 영역에서 자기애의 결함이 있는 것이라고 기술하였고 이를 외현적인 자기애와 내현적인 자기애로 구분하여 각각의 특성을 기술하였는데, 강선희(2001)는 Akhtar & Thomson(1982)이 제시한 여섯 가지 영역 중에서 자기개념, 대인관계, 사회적 적응의 세 영역만으로 자기보고식 측정도구를 개발하였다.

외현적 자기애를 측정하는 것으로 NPI(Raskin & Hall, 1979, 1981)를 거론하고, 강선희(2001)는 Akhtar & Thomson(1982) 등이 말한 두 가지 자기애의 유형 중 내현적 자기애자의 특성 측정을 의도하였다. 강선희(2001)는 CNS의 타당화를 위해 MMPI에서 도출된 내현적 자기애 척도, NPI, Eysenk의 성격검사(EPQ; Eysenck & Eysenk, 1991; 이현수, 1997)), 자존감 척도(Rosenberg, 1965; 원호택과 이훈진, 1995) 우울척도(BDI; Beck,1961; 이영호, 1993)와의 상관을 통해 적절한 타당화를 하였다.

본 도구는 목표불안정성이라는 요인을 포함하므로, 자기의 이상화된 부모원상 축의 특성을 고려하고 있다고 본다. 그러나 그 범위는 협소하고, 자기애의 건강한 측면을 고려하지 않고, 부정적 측면만이 부각되어 있다.

　위에서는 과대자기 축과 이상화된 부모원상 축의 두 축과 관련된 내용을 일부분이라도 다루는 도구들을 검토하였다. 네 개의 도구들은 Kohut이 말한 두 가지 축의 자기애를 포함하려고 의도한 도구들이다. 그러나 Robbins & Patton(1985)의 도구는 두 가지 자기애 축의 내용 중 한 가지씩만을 내용으로 구성되어 있는 한계를 보였고, Lappan & Patton(1986)은 청소년들을 대상으로 과대자기 축과 이상화된 부모원상 축과 관련된 의사자율성과 또래 집단 의존의 요인을 측정하였는데, 이 또한 Kohut이 의미하는 자기애를 설명하기에는 많은 제한이 있다. Patton, Connor와 Scott(1982)의 도구는 Kohut의 자기애 개념에 대해서 폭넓은 내용으로 측정하려고 한 것으로 보이며, 건강한 특성에 대한 고려도 나타나고 있다. 그러나 10개의 요인은 다소 산발적이고, 연구자료에서 타당도와 관련된 자료는 보이지 않아, 실제적으로 활용하고자 할 때 도구로서의 제한을 갖고 있다. 강선희(2001)는 NPI가 외현적 자기애를 측정하고 있는 것에 대조적으로 내현적 자기애를 측정하고자 시도하고 도구를 개발하였다. 이 CNS(강선희, 2001)는 내현적 자기애를 측정하는 것으로 적절한 타당도를 나타냈다. Kohut의 자기애의 발달노선과 관련하여 이상화된 부모원상 축의 특성인 목표불안정성에 대한 내용을 측정하고 있으나, 모든 문항들은 부정적인 내용으로 되어 있다. 보통 상담을 필요로 해서 찾아오는 사람들이 외현적인 자기애자의 특성을 갖는 사람들이라기보다는 내현적인 특성을 가진 사람들이라고 일반적으로 생각하는 측면에서 보면 그러한 사람들에 대한 관심을 갖게 하는 도구라 할 수 있으나 과대자기와 이상화된 부모원상 축의 건강한 측면을 고려하지 못했고, 자기애가 정상발달이라는 Kohut의 전제에 비추어 자기애를 이해하는 데에는 제한이 따른다고 보인다.

도구들을 검토하면서 과대주의에 더하여 분리된 차원으로서 이상화 영역을 측정하는지 측정하고 있지 않는지에 따라 분류하여 조명하였다. 위의 도구들에 대한 논의를 통해 자기애 측정에서 도구가 자기애의 구인을 적절하게 조작적으로 정의했는가, 타당화가 제대로 되어 있는가, 자기애의 구인의 복합성을 다차원적으로 접근했는가, 자기애의 건강한 측면이 자기애의 구인에 포함되어 있는가의 문제를 제기할 수 있으며, 위에서 기술한 도구들은 네 가지의 문제제기에서 한두 가지의 결함을 가지고 있다.

그러므로 측정학적 측면에서 Kohut의 자기애의 개념을 포괄적이고도 다차원적이고 종합적으로 이해할 수 있고 측정할 수 있도록 고안된 도구는 정상발달로서의 자기애에 대한 관심을 고취시킬 수 있을 것이며, 그러한 정상발달이 이루어지지 않는 사람들에 대한 이해와 관심을 더욱 가질 수 있도록 할 수 있다고 생각된다. Slyter(1989)는 위의 문제점들을 보완하여 Kohut이 개념화한 자기애를 다차원적으로 측정하는 도구(ISP; the Inventory of Self Psychology)를 개발하였다.

3. 자기애와 관련변인 연구들

ISP(Slyter, 1989)를 타당화하기 위해 자기애와 자기애의 관련변인 연구들을 살펴보면 다음과 같다. 자기애의 유형을 일반적으로 두 가지 유형으로 나누어 보고 있다. Akhtar와 Tomson(1982)은 자기애적 성격장애의 임상적 특성에서 외현적 자기애자와 내현적 자기애자로 구분하여 그 특징을 서술하였는데, 외현적 자기애자들은 고양된 자기존중, 거만한 웅대성, 부, 권력, 미, 영민함에 대한 환상들, 특권의식, 자신이 취약하지 않다는 생각과 대인관계에서 피상적이고 타인을 무시하고 평가 절하하는 경향과 사회적 적응 면에서 사회적 성공과 거짓 승화의 경향, 강한 야망을 보인다고 하였다. 내현적 자기애자들은 지나치게 민감하고 열등감, 무가치감, 취약함을 보이며 힘과 명예에 대한 끊임없는 추구의 경향이 있으며, 대인관계의 측면에서 다른 사람들에 대한 만성적인 이상화와 강한 시기심, 칭찬에 대한 강한 갈망을 보이며, 사회적 적응 면에서 만연된 지루함, 불확실성, 직업적이고 사회적인 정체성에 대한 불만족을 특징적으로 보인다고 하였다. 그리고 Wink(1991)는 취약성-민감성 차원과 과장성-노출성 차원의 두 요인으로 MMPI 척도에서 문항들을 요인 분석하여 외현적 자기애 유형(Overt Narcissist)과 내현적 자기애 유형(Covert Narcissist)으로 나누어 명명하였다. 외현적 자기애 성격은 자신감에 차 있고, 자신을 드러내기 좋아하며, 적대적인 태도의 경향이 있는 반면, 내현적 자기애 성격은 방어적이고 불안한 경향과 외상에 대해 취약하다고 하였다. 강선희(2001)는 내현적 자기애를 측정하는 CNS를 개발하였는데, 외현적 자기애를 측정하는 NPI와의 관계를 탐색함으로써 두 가지 측정 간에 다른 구인을 측정하고 있음을 확인하고 CNS를 타당화하였다.

자기애와 자기애적 상처와의 관련성 연구는 Elbern(2000)에 의해서 이루어졌다. Elbern(2000)은 NIS(Narcissistic Injury Scales; Slyter, 1993)를 요인 분석하여 실패, 방임, 우월의 3요인을 발견하고, NPI(Raskin & Hall, 1979, 1981)에 대해서도 요인분석을 실시하여 착취／특권의식, 리더십／권위의식, 허영의 3요인을 확인하였다. 자기애를 측정하는 NPI와 자기애적 상처를 측정하는 NIS를 통해 자기애와 자기애적 상처의 관련성을 탐색한 Elbern(2000)의 연구는 착취／권위의식과 우월 간의 상관은 $r = -.24$, 리더십／권위의식과 실패와의 상관은 $r = -.24$를 나타내었고, 다른 요인들 간에는 거의 상관이 없다고 할 수 있는 결과를 나타냈다. 이는 NPI가 측정하는 구인의 특성이 병리적이거나 건강한 특성을 의미하지 않고 다만 DSM－Ⅲ에 나타난 자기애적 성격특성의 덜 병리적인 형태를 측정한다는 것이 반영된 결과라고 생각된다.

우울 및 자존감과 자기애의 관련성을 보면, 많은 연구들에서 자기애는 자존감과 정적 관련성을 보였고, 우울, 불안 등과 부적 관련성을 보였다(Emmons, 1984; Watson, Taylor & Morris, 1987; Raskin & Terry, 1988; Raskin, Novacek & Hogan, 1991a, 1991b; Morf & Rhodewalt, 1993; Kernis & Sun, 1994). 강선희(2001)는 NPI와 우울과의 상관은 $r = -.03$, CNS와 우울과의 상관은 $r = .54$를 발견했고, 강은영(2001)은 자기주도적 자기애와 우울과의 상관은 $r = -.16$, 타인주도적 자기애와 우울과의 상관은 $r = .11$을 발견했으며, 한수정(1999)은 NPI와 MMPI의 우울척도와의 상관 $r = -.32$를 발견하였다.

한수정(1999)이 NPI로 측정한 자기애와 자존감과의 관계를 살펴본 결과는 $r = .46$을 나타내어 정적 상관이 있는 것으로 나타났다. 강선희(2001)는 CNS와 자존감과의 관련을 탐색한 결과 $r = -.51$의 부적 상관을 발견하였고 NPI와 자존감과의 상관은 $r = .32$를 발견하였다. 강은영(2001)은 자기애를 2차원으로 나누어 자기주도적 자기애와 타인주도적 자기애로 명명하고, 자존감과의 상관에서 전자는 $r=.37$, 후자는 $r=.02$를 발견하였다. 이로써 보건대 한국판 ISP가 자기애의 구인에서 건강한 특성이 반영되어 있다면 자존감과 정적 상관을 나타내고 우울과는 부적 상관을 나타낼 것이며, 방어적 특성은 자존감과 부적 상관을 나타낼 것이고 우울과는 정적 상관을 나타낼 것이라고 예측할 수 있다.

공감은 일반적으로 말하는 자기애적인 사람들에게서 취약한 영역이다. 거만한 태도와 특권의식에서 비롯된 타인에 대한 착취성, 과시적인 행동, 자기애적 욕구로 타인을 만성적으로 이상화하는 경향성 등으로 대인관계에서 어려움이 있고, 깊고 친밀한 대인관계보다 대상에 대해 피상적이고 지나친 이상화와 평가절하를 반복하는 대인관계의 양상과 지나친 자기의식이나 자기몰두 때문에, 건강한 대인관계에서 필수적인 진정으로 공감하는 능력에는 제한이 많다고 할 수 있다. 그러나 건강한 자기애의 특성에는 대상사랑의 전조로서 공감의 능력이 있다고 볼 수 있기 때문에 자기애에 대해 건강한 차원과 공감과는 정적 상관을 예측해 볼 수 있다.

그러므로 ISP의 한국적 타당화를 위해서 외현적 자기애를 측정하는 NPI, 내현적 자기애를 측정하는 CNS, 자기애적 상처, 자존감, 공감, 우울 변인과의 관련성을 탐색해 봄으로써 ISP의 구인을 확인하는 것은 타당화에 의미를 더욱 부여할 것이다.

정상발달로서의 자기애에 대해서 이야기하고 있는 Kohut의 자기애 개념에 기초하여 개발된 도구인 Slyter(1989)의 ISP에 대한 가설적 측정모형들을 제시하면 아래와 같다.

4. 자기애 측정의 경쟁모형

본 연구에서는 자기애를 정상발달의 국면으로 보고 자기애에 대한 긍정적 시각과 건강한 자기애의 발달을 강조한 Kohut의 이론으로 자기애의 개념을 살펴보았다. 자기애의 요인을 설정하고 있는 Kohut이론의 중심은 자기애가 발달하는 데는 두 가지 노선이 있다는 것을 구분하였다는 것이다. Slyter(1989)는 Kohut과 자기심리학자들이 임상 장면에서 만난 사례들과 많은 문헌들을 살피면서, 이 두 가지 노선에서 각각 건강한 특성과 방어적 특성을 발견하였고, 이를 토대로 모든 내용을 포함시켜 문항을 개발하였다. 그리하여 4요인을 발견하였고, 최초에 개발된 도구는 60문항이었다. 이것은 각 15문항씩 4개의 요인으로 구성된 도구였다. 즉 건강한 과대자기, 방어적 과대자기, 건강한 이상화된 부모원상, 방어적 이상화된 부모원상의 4개의 요인이었다. 최초의 도구에서 Slyter(1989)는 제5요인을 발견하였으나, 요인부하량이 낮고 문항이 적어서 이에 대해서는 누락시키고 타당화를 하였다. 타당화의 결과 제2요인 방어적 과대자기의 타당화 작업에서 Slyter(1989) 자신은 불만족했고 그 뒤 80문항으로 개정을 하면서 Kohut이 말한 과대자기 안에 있는 수직분열과 수평분열의 내용을 포함하는 문항으로 척도를 개발하였다. 그리하여 건강한 과대자기 20문항, 방어적 과대자기 – 수직분열 10문항, 방어적 과대자기 – 수평분열 10문항, 건강한 이상화된 부모원상 20문항, 방어적 이상화된 부모원상 20문항을 개발하여 최종 도구를 구성하였다.

자기애 구인의 내적 구조모형에 대해서 측정학적으로 가장 적합한 모형이 어떠한 것인가를 검증하기 위해 자기애 구인의 내적 구조에 대한 경쟁모형을 제시하면 다음의 가. 4요인 2차원 평면모형 [그림 2] ~ 라. 5요인 4차원 위계모형[그림 5]과 같다.

자기애 구인에 대한 이론적·경험적 연구를 바탕으로 본 연구에서 4요인으로 구성된 2차원 평면모형(모형 1)과 자기애 척도의 분화가 능성에 근거한 5요인으로 구성된 2차원 평면모형(모형 2), 본 자기애 척도의 측정모형인 4요인에 근거하여 요인을 상정하는 3차원 위계모 형(모형 3), 5요인에 근거한 4차원 위계모형(모형 4) 중 가장 적합한 모형을 확인하기 위해 다양한 적합도 지수들을 비교하였다.

가. 4요인 2차원 평면모형

측정학적 측면에서 Kohut의 자기애의 개념으로 도구를 만든 Slyter(1989)의 ISP는 가장 단순하게 4개의 요인들이 수평분열과 수 직분열로 나누이지 않고, 자기애라는 개념에서 하위 차원으로 4개 의 요인들이 나란히 평면적으로 병행하는 측정모형이라는 것을 가 정할 수 있다. 이러한 가정을 도식화하면 [그림 2]와 같다. 다시 말 하자면, 자기애라는 개념은 자기애가 과대자기의 축과 이상화된 부 모원상의 두 축으로 발달한다는 맥락에서 본다면 마땅히 두 축에서 건강한 측면과 방어적 측면으로 다시 나누게 됨으로써 위계모형이 라고 할 수 있으나 실제의 측정에서 가장 적합한 모형은 자기애는 4개의 요인들이 서로 다른 특성을 가지고 동일한 위치로 병행하는 특성을 가진 측정 모형일 수 있다고 가정할 수 있다.

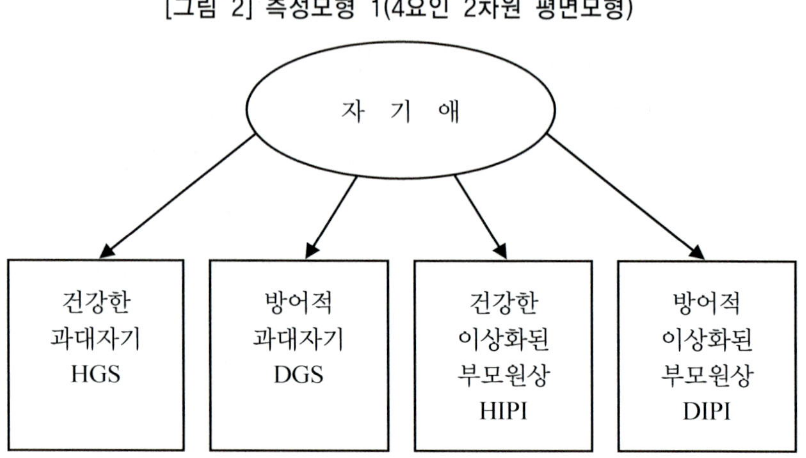

- HGS(Healthy Grandiose Self)
- DGS(Defensive Grandiose Self)
- HIPI(Healthy Idealized Parent Image)
- DIPI(Defensive Idealized Parent Image)

나. 5요인 2차원 평면모형

Slyter(1989) 자신이 최종도구를 개발하였을 때, 과대자기 안에서 수직분열과 수평분열로 나누어 방어적 과대자기 안의 측정변수를 구성하였다. 이는 건강한 과대자기, 방어적 과대자기-수직분열, 방어적 과대자기-수평분열, 건강한 이상화된 부모원상, 방어적 이상화된 부모원상이라는 5개의 요인으로의 분화가능성을 생각해 볼 수 있다. 이러한 가정을 도식화하면 [그림 3]과 같다.

그러므로 자기애의 실제 측정에서 5개의 요인이 나란히 병행하면서 동등한 위치를 가진 요인으로서 평면적인 모형이 측정의 실제가 될 수 있다는 가정을 할 수 있을 것이다.

[그림 3] 측정모형 2(5요인 2차원 평면모형)

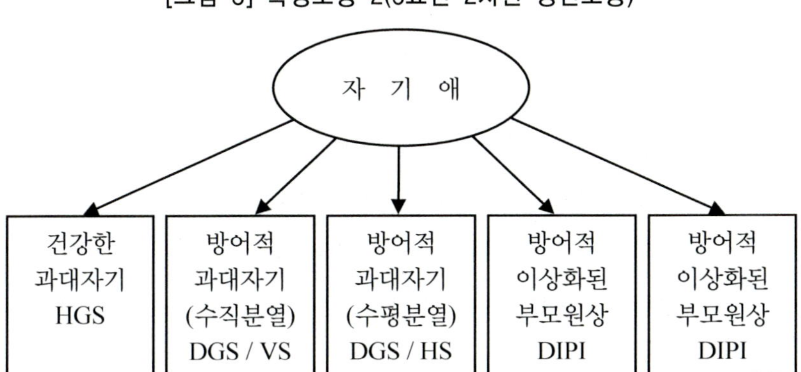

- HGS(Healthy Grandiose Self)
- DGS(Defensive Grandiose Self)
- HIPI(Healthy Idealized Parent Image)
- DIPI(Defensive Idealized Parent Image)
- VS(Vertical Split)
- HS(Horizontal Split)

다. 4요인 3차원 위계모형

모형3은 Kohut의 이론에 근거하여 3차원 위계모형의 정점에 위치한 자기애 개념의 하위로 두 가지 발달노선의 방향에 따라 과대자기 축과 이상화된 부모원상 축으로 나뉘어 2차원 요인으로 분화되며, 두 가지 노선의 2차 요인들은 다시 각각 2개의 1차원 요인으로 분화되는 위계모형이 됨으로써 4개의 요인들이 3차원의 위계구조를 갖는 것이다. 이러한 가정을 도식화하면 [그림 4]와 같다.

이 모형은 본 연구에서 한국판 ISP의 측정변수들의 구조들이 갖는 측정모형으로 선택되었다. 이 모형을 본 연구의 측정모형으로 본 이유는 다음과 같다.

58

첫째, 본 연구의 과정을 진행하면서 ISP의 모든 문항에 대해 요인분석을 실시하였을 때, 5요인이 추출되었었으나, 제5요인은 문항 수가 3개였고, 그 의미의 해석가능성은 희박하였다. 4요인에 대해서 요인의 의미를 해석할 때, Slyter(1989)가 확인한 요인인, 건강한 과대자기(HGS), 방어적 과대자기(DGS), 건강한 이상화된 부모원상(HIPI), 방어적 이상화된 부모원상(DIPI)으로 명명하기에 적당하였으나, 문항이 많이 누락되고, 4요인 각각의 문항 수를 비교해 볼 때, 불균형을 이루었다. 그 결과 요인에 대한 측정변수들이 많이 감소하여 원래 요인의 의미를 충분히 살리기가 어려울 것으로 판단하였다. 4요인으로 가정하는 것은 적절하다고 판단하였으며, Slyter(1989)가 명명한 4요인에 대해 충분히 그 의도를 살리기 위해서 본 연구의 연구Ⅰ, Ⅱ에서는 4개의 각 요인들에 대해 NF 1 값을 주고 각 요인을 한 개의 요인으로 가정하고 요인분석을 실시한 후 요인부하량 .40 이상의 문항을 선택하는 방법으로 요인에 해당하는 문항을 확인하여 한국판 ISP가 구성되었다. 그러므로 한국판 ISP에 대해서 4개의 요인으로 보는 것이 적절하다고 판단하였다.

둘째, 방어적 과대자기 안에서 나뉘는 수직분열과 수평분열의 내용을 Slyter(1989) 자신은 분화하여 척도를 구성하였지만, 방어적 과대자기 안에서 통합적으로 보는 것이 적절하다고 생각하기 때문이다. 모든 사람에게 수직분열과 수평분열의 모습이 있다고 하였고 Kohut은 자신의 이론에서 치료를 통해 개인은 처음에는 수직분열이 해소된 뒤에 수평분열의 모습이 비로소 나타난다고 하였다. 또한 수직분열은 수평분열이 갖는 특성을 동시에 가지고 있다고 하였다. 방어적 과대자기의 성향이 높은 사람들은 결국은 수직분열과 수평분열의 모습을 다 가지고 있다고 가정하는바, 이는 그렇다면 개념적으로 측정에서 방어적 과대자기의 점수는 수직분열의 특성이 높은 사람은 수평분열에서도 점수를 높게 나타내야 한다고 할 수 있다. 또한 방어적 과대자기가 많은 사람들이 상담을 원할 때는 수직분열의 특성이나, 수평분열의 특성이 공유하는 우울이나 무기력감이 원인이 되어 찾아오는 경우가 대부분이라는 것을 생각할 때 방어적 과대자기가 갖는, 과대적이고 타인들에게 우월감을 느끼면서도 다른 한편으로는 사소한 것에도 상처받는 취약성을 보이는 모순된 현상에 대한 역동을 설명하는 것으로서 이해될 수 있다. 수직분열과 수평분열에 대한 개념은 이론적으로는 나뉘더라도, 자기의 과대적-과시적 욕구들이 표현될 수 없었음을 의미하고, 이러한 욕구의 좌절이 낳는 유아적 과대주의를 보호하려는 방어를 대대적으로 사용함으로써 원시적인 과대주의가 현실적인 자존감으로 변형되지 못하는 역동과 관련하여 임상적으로는 통합적으로 보는 것이 더 적절할 것으로 보인다.

그러므로 본 연구자는 역동적 측면에서 보더라도 수직분열과 수평분열이라는 차원은 나누어서 요인으로 보기보다는 방어적 과대자기 안에서 통합적으로 보고자 한다. 그래서 Slyter(1989) 자신도 방어적 과대자기 안에서 10문항씩 나누어 놓았지만, 문항 자체를 다른 요인의 문항 수만큼 구성하지 않았던 것으로 보인다.

위와 같은 이유로 본 연구자는 한국판 ISP는 4요인의 3차원 위계구조모형을 갖는 측정변수로 구성되어 있다고 보고자 한다.

[그림4] 측정모형 3(4요인 3차원 위계모형)

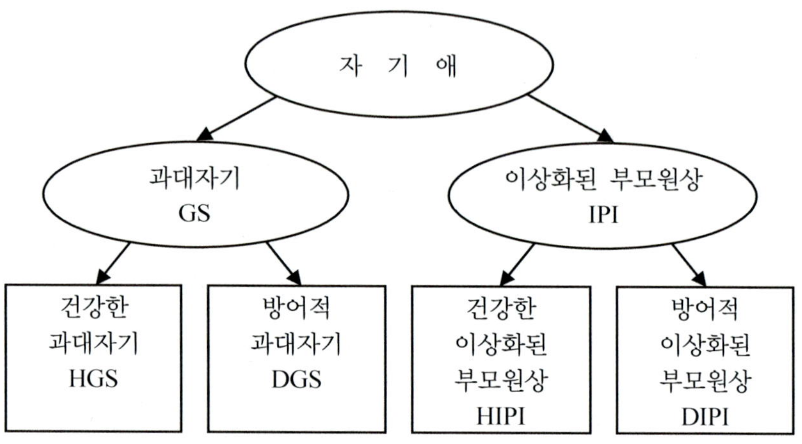

- HGS(Healthy Grandiose Self)
- DGS(Defensive Grandiose Self)
- HIPI(Healthy Idealized Parent Image)
- DIPI(Defensive Idealized Parent Image)
- GS(Grandiose Self)
- IPI(Idealized Parent Image)

라. 5요인 4차원 위계모형

모형4는 Kohut의 이론에 근거하여 3차원 위계모형에서 더 확장되고 진보된 4차원 위계모형이다. 현재까지 인간의 심리적 특성에 대한 구인의 내적 구조는 평면모형이기보다는 위계적 모형이며, 일반적인 고차원 특성은 특수한 영역으로 점차 분화되어 조직화, 구조화된다고 논의되어 왔다(송인섭, 2005). 그러므로 한국판 ISP에 대해서 요인의 분화가능성을 고려한 5요인의 4차원 위계모형을 가정할 수 있을 것이다. 이를 도식화하면 [그림 5]와 같다.

　　이와 같은 연구동향과 Kohut의 방어적 과대자기의 분화가능성을 근거로 한국판 ISP가 4차원 위계모형의 정점에 위치한 자기애의 하위로 과대자기의 축과 이상화된 부모원상 축의 두 가지 축을 따라 2차원에서 나뉘며 2차원의 두 축은 다시 각 축에서 건강한 차원과 방어적 차원을 내용으로 하여 3차원에서 4개의 하위 요인으로 나뉘며 3차원의 4개 요인 중 하나인 방어적 과대자기에서 4차원을 형성하여 수직분열과 수평분열로 분화되는 5요인으로 구성된 4차원 위계구조를 가진 측정모형으로 자기애 구조를 가정할 수 있을 것이다.

[그림 5] 측정모형 4(5요인 4차원 위계모형)

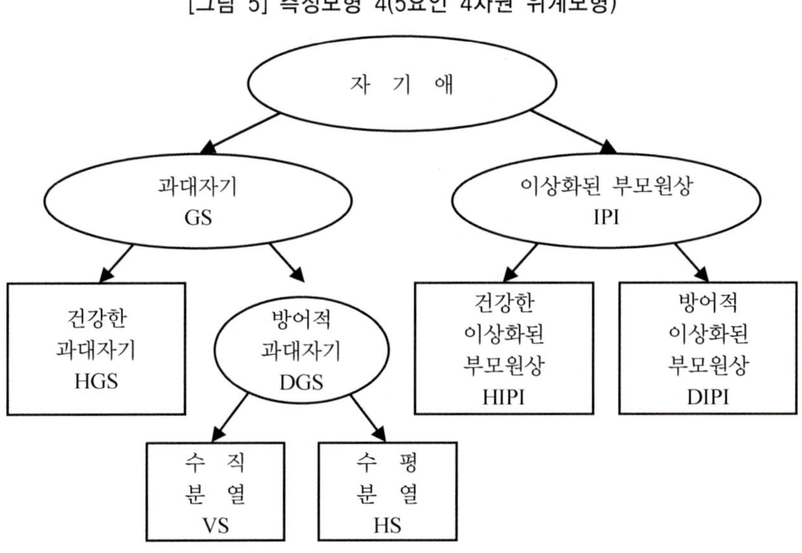

- HGS(Healthy Grandiose Self)
- DGS(Defensive Grandiose Self)
- HIPI(Healthy Idealized Parent Image)
- DIPI(Defensive Idealized Parent Image)
- GS(Grandiose Self)
- IPI(Idealized Parent Image)
- VS(Vertical Split)
- HS(Horizontal Split)

위에서 Slyter(1989)의 ISP를 한국적으로 타당화한 한국판 ISP의 요인구조에 대해 경쟁모형들을 제시하였다. 한국판 ISP에 대한 경쟁모형이 도출될 수 있었던 Slyter(1989)의 ISP를 살펴보면 아래와 같다.

5. ISP(the Inventory of Self Psychology; Slyter, S. L., 1989)

Slyter(1989)는 Kohut(1971, 1977)의 이론적 접근에 따라 과대자기와 이상화된 부모원상이라는 자기애의 두 가지 발달노선을 모두 포괄한 성격 구성요소의 다차원 특성을 측정하기 위해 도구를 개발하였다. 그녀는 Kohut(1971, 1977, 1981)이 과대자기 축과 이상화된 부모원상 축에서 정상발달이 이루어질 경우 건강한 자기애의 측면이 발달하며, 발달이 정지되었을 때에 두 가지 축에서 방어적 측면의 자기애가 형성된다고 가정하고 이를 고려한 자기애의 측정을 시도하였다.

문항들은 자기의 두 가지 발달노선에서 각각 건강한 자기애와 방어적 자기애의 발현을 반영하여 개발되었는데, 처음에는 차원을 다음과 같은 4가지로 구성하였다. (a) 건강한 과대자기(the Healthy Grandiose Self; HGS) (b) 방어적 과대자기(the Defensive Grandios Self; DGS) (c) 건강한 이상화된 부모원상(the Healthy Idealized Parent Image; HIPI) (d) 방어적 이상화된 부모원상(the Defensive Idealized Parent Image; DIPI)

Slyter(1989)는 예비연구(162문항)를 통해서, 60문항으로 축소하였고, 요인분석을 통해 네 가지 차원의 척도에 각 15문항으로서 구성하였다. Slyter(1989)는 문항작성을 고안하기 위하여, 영역의 내용은 Kohut의 자기심리학 내에서 자기애의 과대자기 혹은 이상화된 부모원상의 발달노선에 대한 모든 언급들을 다 포함해 구성했고 특별히, 수많은 서적과 아티클들(Goldberg, 1980; Kohut, 1971, 1984; Ornstein, 1978a, 1978b; Patton et al., 1982)은 문항을 위한 원천으로서 사용했다. 또한 많은 문항들은 사례연구들(Goldberg, 1978; Patton & Robbins, 1982)로부터 심리치료의 성공적인 성과뿐만 아니라 내담자의 증상과 방어들에 대한 기술에서 도출되었다.

본 도구의 신뢰도에 대해서 언급하면, 피어슨 적률상관관계는 척도차원들(n = 94)에 대해 2주 간격의 검사-재검사신뢰도를 사용하여 하위 척도들이 $r = .84 \sim .87$의 범위를 나타냈고, 내적 일치도는(n = 302) Chronbach $\alpha = .79 \sim .87$의 범위를 나타냈다. 각각의 내적 일치도는 HGS가 $\alpha = .84$, DGS가 $\alpha = .87$, HIPI는 $\alpha = .79$, DIPI는 $\alpha = .82$를 나타냄으로써 높은 정도의 신뢰도를 나타내고 있다.

또한 타당도는 우월성(Superiority), 목표불안정성(Goal Instability), NPI, 사회적 바람직성(social desirability)과 학문적 태도(SAT)와 ISP의 4가지 하위 척도들의 관계의 유의미성을 탐색함으로써 공인타당도의 문제를 탐색했다.

과대자기의 측정인 우월성 척도는 HGS, DIPI와 유의미한 정적 상관($r = .20$ $r = .18$, $p<.001$)이 있었다. 우월성 척도는 DGS, HIPI와는 유의미한 상관이 없었다. 목표불안정성 측정은 두 가지 방어적 자기애—DGS와 DIPI—에서 동일한 정적 상관($r = .68$, .68,

$p<.001$)을 보였다. 또한 목표불안정성 측정은 HGS와는 부적 상관($r = -.55$, $p<.001$)을 HIPI와 부적 상관($r = -.44$, $p<.001$)을 보였다.

NPI는 이상화된 부모원상 척도보다는 과대자기 척도와 더 높은 상관($r = .39$, $p<.001$)이 있는 것으로 나타났다. NPI와 HGS는 정적 상관($r = .39$)을, DGS와는 부적 상관($r = -.21$)을 나타냈다. Slyter(1989)가 예견했던 것처럼 NPI는 HIPI와 유의미한 상관이 없었다.

Marlowe Crowne Social Desirability 측정은 ISP(Slyter,1989)의 두 가지 건강한 자기애(HGS, HIPI)와 유의미한 정적 상관($r = .34$, 33, $p<.001$)이 있었고, 두 가지의 방어적 자기애(DGS, DIPI)와 유의미한 부적 상관이 있었다. 학문적 태도(SAT점수)와는 ISP의 네 개의 하위 척도와 유의미한 상관이 없는 것으로 나타났다.

일반대학생과 내담자집단을 비교한 결과에서 일반대학생집단이 건강한 자기애의 두 가지 차원(HGS, HIPI)은 내담자집단보다 각각 $p<.001$과 $p<.0005$ 수준에서 유의미하게 높은 점수를 나타냈고, 내담자집단에서 방어적인 자기애의 두 가지 차원(DGS, DIPI)은 일반 집단에 비해 높은 점수를 나타냈는데, 후자의 경우 $p<.0001$ 수준에서 유의미하게 높은 점수를 나타냈다.

남자집단에서 일반대학생과 내담자집단 간에 방어적인 자기애(DGS, DIPI)에서 평균점수에서 큰 차이를 보였다. 내담자집단 내에서 방어적 자기애의 두 차원(DGS, DIPI)이 일반집단의 점수보다 더 높은 것으로 나타났다. 성별로 보면, 점수의 차이가 없다고 볼 수 있으나, 내담자집단에서는 남자가 DGS, DIPI에서 다소 높게 나타났다.

Slyter(1989)는 탐색적 요인분석을 활용하여 추출된 요인은 5요인이었으나, .50 이상의 부하량을 가진 문항 수가 작아서 요인5는 누락시켰다. Slyter(1989)는 그 후 Kohut에 의해 이론화된 과대자기 축에서 보이는 수평분열(억압된 과대주의 10문항), 수직분열(의식적 과대주의 10문항)을 반영하여 방어적 과대자기를 개정하였다. 다른 하위 척도 각각에 5개의 새로운 문항들을 추가했다(각 20문항).

즉, 건강한 과대자기(HGS) 20문항, 방어적 과대자기(DGS / 수직분열—10, DGS / 수평분열—10) 20문항, 건강한 이상화된 부모원상 20문항, 방어적 이상화된 부모원상 20문항이었다. 하위 척도의 내용은 다음과 같다. (a) HGS—현실적인 목표를 향한 자기 – 주장적 노력, 반응적 활동, 자기 – 확신, 자기 – 즐거움. (b) DGS * 방어적 과대자기 / 수평분열—수치나 당황감으로서 나타나는 억압된 과대자기, 낮은 자존감, 작업저해. * 방어적 과대자기 / 수직분열—우월성의 테마로 나타나는 의식적 과대자기, 지배, 완벽성. (c) HIPI—타인의 현실적인 자질에 대한 열성과 감탄, 자신의 내적 긴장을 진정시키는 능력, 생산성. (d) DIPI—중요한 타인의 애정에 매이고 의지하려는 욕구, 지나치게 비평적인 특성, 불안한 흥분, 반동적인 격노, 중요한 타인이 떠났을 때 혹은 중요한 타인에게 실망했을 때의 우울.

Goldman(1991)은 ISP – A(청소년용 ISP)를 수정, 개발(80문항)하였다. 수정된 ISP – A는 양호한 신뢰도를 제시했고, HGS가 $\alpha = .91$, DGS수평분열이 $\alpha = .71$, DGS수직분열이 $\alpha = .65$, HIPI가 $\alpha = .84$, DIPI가 $\alpha = .81$을 각각 나타내고 있다. Goldman과 Gelso(1997)는 약물을 남용한 58명의 소년과 37명의 소녀들을 대상으로 치료프로그램을 실시한 후 ISP – A를 효과검증의 도구로 사용하였다. 프로그램을 통해 청소년들의 DGS수평분열, DGS수직분열, DIPI에서 점수의 감소를 보였고, HGS에서 점수가 증가하였고, HIPI에서는 유의미한 결과를 보이지 않았다.

Ⅲ. 연구Ⅰ : 도구의 개념화 및 측정학적 타당화

연구 I 에서는 한국판 ISP의 요인구조를 확인하고 경쟁모형들 중에서 가장 적합한 구조모형이 어떠한 것인지를 검증하기 위한 것이다. 이를 위해서 Slyter(1989)의 ISP를 번역과 역번역을 통한 번안과정, 내용타당도를 확인하는 과정, 도구의 예비적 실시과정을 통해 질문지를 구성하였다. 탐색적 요인분석과 확인적 요인분석을 통해, 한국판 ISP의 문항을 확정하고, 이에 대한 요인구조와 구조모형을 확인하는 과정을 거쳤다.

1. 연구방법

가. 한국판 ISP 도구 번안과정 및 내용타당도

한국판 ISP는 ISP(Slyter, 1989)를 번안한 것으로 다음과 같은 몇 단계를 거쳐 개발되었다. 첫 번째 단계에서, 본 연구자가 초역을 하였고, 두 번째 단계에서, 초역이 Kohut의 이론과 일맥상통하도록, 도미유학 이후 우리나라에서 Kohut이론에 대해 약 10여 년간 연구하신 전문가의 도움을 받고 직역한 것들을 수정하였다. 이 단계에서 80개의 문항 중 20개의 문항이 부분적 혹은 전체적으로 수정되었다. 세 번째 단계로, 역번역은 미국에서 10여 년 동안 고등학교와 대학교육을 마쳤으며, 현재 성인을 대상으로 고급영어회화강사를 하고 있는 이중언어자가 하였다. 네 번째 단계에서는 Slyter(1989)의 ISP원문과 이중언어자에 의해서 역번역된 문장을 대조 비교하였는데, 이를 위해 역시 미국에서 약 12년의 생활을 하면서, 미국에서

영어를 가르친 경험이 있고, TESOL자격을 갖추고 현재 성인을 대상으로 영작문강사를 하고 있는 이중언어자와 본 연구자가 협의하여 이루어졌다. 이 단계에서는 역번역본과 영문원본의 문장을 각각 대조하여 의미가 같은지를 확인하였다. 문항 46. I feel constrict.에 대해 초역본의 번역과 완역본의 번역을 모두 역번역하였을 때, 위축감을 느낀다(초역). → I feel cowered. / 나는 무엇인가가 나를 옥죄고 있다고 느낀다(완역). → I feel something squeezing me.로 역번역되었다. 두 문장에 대한 역번역을 대조한 후 다시 원래의 문장으로 수정하였다.

다섯 번째 단계에서 내용타당도 확인을 하였다. 위의 과정을 거쳐 문항을 구성한 후에 전문가 집단에게 80문항에 대한 내용타당도 검증을 의뢰하였다. 3명이 참여하였는데, 교육심리학전공 박사학위소지자 1명, 상담전공 박사학위 및 한국상담심리학회 공인 상담심리사 1급 소지자로 상담전문기관에서 연구와 상담을 하고 있는 2명이었다. 이들에게 한국어판 ISP 80문항에 대해서 설문으로 구성하여 5점 리커트 척도의 평정으로, 5점은 매우 그렇다, 4점은 그렇다, 3점은 다소 그렇다, 2점은 아니다, 1점은 매우 아니다로 되어 있고, 요인에 대한 정의를 알려주고 그 문항들이 요인을 적절히 설명하고 있는지를 평정하도록 요청하였다. 문항에서 평균 3점 미만이 되는 문항이 있는지를 검토하고, 이에 대해서는 누락시키는 것이 적절하다고 판단하였다. 3명의 전문가에게 평정을 부탁하여 얻은 각 문항에 대한 평균점수는 모든 문항이 3점 이상의 평균점수를 얻었다. 이는 이미 ISP가 Slyter(1989)의 연구에서 예비문항(162개)을 통해서 선정, 개발된 문항들(80문항)이었기 때문인 것으로 생각된다.

여섯 번째 단계로, 수정되어 완역본이 된 한국어판 ISP를 대학 1학년생 4명에게 실시하여 보았다. 이를 통해 한국어로 번역된 문장 중에 이해가 안 가거나 의미가 적절히 전달되지 않는다고 생각되는 문장이 있는지 검토하였다. 이 단계에서는 58번 문항에서 '나는 나 자신의 가치들을 발달시켰다'에서 가치라는 단어가 자신이 가치 있는 존재라는 의미로 이해할 수도 있다는 피드백에 의해 '가치'를 '가치관'으로 수정하였다.

이러한 여섯 단계를 거쳐서 예비검사를 실시하기 위한 80문항을 완성하였다.

나. 대 상

표집 1—탐색적 요인분석을 실시하기 위해, 2006년 5월 중순에서 6월 중순까지 서울과 경기, 충청지역에 소재한 대학의 대학생과 대학원생을 대상으로 수거된 질문지는 1,043부였으나, 예비검사에서 동일문항을 추가하여 그 문항에서 점수 차이가 나는 설문지, 한 문항이라도 반응이 누락된 설문지, 성의 없이 부주의하게 응답되었다고 판단되는 설문지들을 모두 누락시키고, 총 891명의 설문이 분석되었다.

그중 남자는 278명(31.2%), 여자는 613명(68.8%)이었다. 학년별로는 1학년이 263명(29.5%), 2학년이 217명(24.4%), 3학년이 175명(19.6%), 4학년이 232명(26%), 대학원생이 3명(0.3%)이었다. 연령별로는 20세 이하가 204명(22.9%), 21세가 188명(21.1%), 22세가 118명(13.2%), 23세가 129명(14.5%), 24~26세가 202명(22.7%), 27~29세가 35명(3.9%), 30세 이상이 15명(1.7%)이었다.

  표집 2—확인적 요인분석을 위해, 2006년 9월 동안 서울, 경기, 강원지역에 소재한 대학의 대학생과 대학원생 604명의 설문을 분석하였다. 그중 남자는 352명(58.3%), 여자는 252명(41.7%)이었다. 학년별로는 1학년이 103명(17.1%), 2학년이 85명(14.1%), 3학년이 246명(40.7%), 4학년이 151명(25%), 대학원생이 18명(3%)이었다. 연령별로는 20세 이하가 90명(14.9%), 21세가 59명(9.8%), 22세가 98명(16.2%), 23세가 77명(12.7%), 24~26세가 205명(33.9%), 27~29세가 67명(11.1%), 30세 이상이 8명(1.3%)이었다. 전공계열로는 사회계열이 29.5%, 인문계열이 22.0%, 예체능계열이 17.1%, 이공계열이 14%, 자연계열이 7.3%, 사범계열이 6.3% 정법계열이 2.2%, 기타계열이 1.7%를 나타내었고, 전공만족도에서는 만족이 49.7%, 보통 43.6% 불만족이 6.5%로 대부분이 전공에 대해서는 만족도가 있는 표집이었고, 상담 유경험자가 16.1%였으나 이 중 85.3%는 1~4회 초기단계의 경험자로서 상담경험이 영향을 주었다고 할 수 없는 일반인집단으로 간주할 수 있다. 요약하면 20대의 대학생집단으로서 전공에 대해 대부분이 보통 이상의 만족과 상담으로 인한 변화를 경험하지 않은 일반집단이라고 할 수 있다. 확인적 요인분석을 실시한 분석대상 표집은 아래 <표1>에 자세히 제시하였다.

<표 1> 본 연구의 연구대상(n = 604)

인구학적 변인		빈　도(명)	백분율(%)
성　별	남　자	352	58.3
	여　자	252	41.7
학　년	1	103	17.1
	2	85	14.1
	3	246	40.7
	4	151	25.0
계　열	인　문	132	22.0
	사　회	177	29.5
	정　법	13	2.2
	자　연	44	7.3
	이　공	84	14.0
	예체능	103	17.1
	사　범	38	6.3
	기　타	10	1.7
나　이	20세 이하	90	14.9
	21세	59	9.8
	22세	98	16.2
	23세	77	12.7
	24~26세	205	33.9
	27~29세	67	11.1
	30세 이상	8	1.3
전공만족도	불만족	39	6.5
	보　통	261	43.6
	만　족	298	49.7
심리상담경험	있　다	97	16.1
	없　다	506	83.8
상담횟수	1~4회	87	85.3
	5~10회	8	7.8
	11~20회	2	2.0
	주 1회 6개월 이상	5	4.9

다. 도 구

(1) 한국판 ISP

Slyter(1989)의 ISP 80문항에 대해서 예비검사를 통해 탐색적 요인분석으로 72문항이 선별되었고 본 검사에서 확인적 요인분석을 통해 61문항으로 구성된 최종문항을 완성하였다. '전적으로 나와 같지 않다'에 1점, '매우 나와 같지 않다'에 2점, '다소 나와 같지 않다'에 3점, '다소 나와 같다'에 4점, '매우 나와 같다'에 5점, '전적으로 나와 같다'에 6점을 주도록 되어 있는 6점 리커트 척도이다. 하위 요인별로 각 점수가 높을수록 각 하위 요인의 특성이 강함을 나타낸다.

한국판 ISP의 신뢰도 계수(최종 61문항)는 하위 척도별 Chronbach α 값이 HGS가 $\alpha = .89$, DGS가 $\alpha = .75$, HIPI가 $\alpha = .84$, DIPI가 $\alpha = .81$로 나타나서 Chronbach α 범위는 .75~.89였다.

2. 연구절차와 분석방법

예비연구에서 표집1에 대해 ISP예비문항(80문항)을 실시($n = 891$)하고 여기서 탐색적 요인분석 후, 표집2를 대상으로 ISP(72문항)를 실시($n = 604$)하고 확인적 요인분석을 실시하여 한국판 ISP(61문항)를 구성하였다. 사용된 통계프로그램은 SPSS WINDOW 12.0이었다.

ISP의 최종 신뢰도(61문항)를 산출하고, 요인의 구조를 확인한 후, 자기애 구인의 내적 구조모형을 검증하기 위해 자기애 구인에 대한 이론적 · 경험적 연구를 바탕으로 설정된 4개의 모형이 주어진 자료에 대해 적합한지의 여부를 확인하였다. 이를 위해 Amos 프로그램(ver 4.01)을 사용하여 구조모형에 대한 공변량 구조분석을 실시하였다. 자기애 척도가 성별, 학년, 계열, 상담경험 유무에 따라 유의한 차이가 있는지를 확인하기 위해 t-test, 일원변량분석을 실시하였다.

3. 연구결과

가. 요인의 구조

문항의 내적 일관성이 만족된 문항을 중심으로 주성분분석방법으로 요인분석을 실시하였다. 각 요인별 일차원성을 검토하기 위해 고유치, 요인부하량, 분산설명비율을 참고하였다. 여러 가지 방법으로 요인을 회전시켜 본 결과 해석 가능한 요인의 수가 4개로 산출되었다. 이 과정 중 요인별 문항이 많이 누락되어 Slyter(1989)의 원래 의도를 살리기에 미흡하다고 판단되었다. 그러나 요인의 수에 있어서는 4요인이 가장 적절하였고, 그러므로 ISP 척도의 하위 요인 HGS, DGS, HIPI, DIPI 차원을 나누어서 요인분석을 실시하였다. 자기애 구인의 4개의 각각의 요인에 대해 NF를 1로 한정하여 요인분석을 실시하였으며, 탐색적 요인분석 과정에서 요인부하량이 .30 이하인 문항들을 제외하였다. 탐색적 요인분석 결과 척도별 요인부하량은 다음의 <표 2>와 같다.

요인부하량이 모두 .30 이상으로 나타나 문항들이 양호함을 입증하고 있다(송인섭, 1982). 예비검사를 통해 HGS에서 한 개의 문항(45번)이, DGS에서는 다섯 개의 문항(15, 14, 10, 64, 7번)이, HIPI에서는 한 개의 문항(62번)이, DIPI에서는 한 개의 문항(63번)이 누락되었으므로 예비검사 후에는 72문항이 선정되었다. 예비검사에서 하위 척도별 최종 문항의 Chronbach α =.68~.89로 나타나 선정된 문항들이 양호함을 확인할 수 있다.

72문항으로 본 검사 실시 후, 신뢰도와 타당도를 검증하여 한국판 ISP를 타당화하는 과정을 거쳤다. <표 3>은 확인적 요인분석 결과이다. 문항과 척도에 대한 분석에 앞서, 문항의 양호도를 확인하기 위해 최종문항에 대한 기술통계치를 분석하고 평균과 표준편차의 극단적 점수 유무를 확인하였다. 분석결과, 각 문항의 평균과 표준편차들이 극단적 점수 없이 적절하게 나타났으므로 신뢰도 분석과 요인분석을 실시하는 데 적절하다고 판단할 수 있다.

신뢰도를 검증하기 전에 최종 72문항에 대한 척도평균, 수정된 문항과 전체문항의 상관관계를 확인한 후 신뢰도 분석을 실시하였다. 본 검사의 각 하위 척도는 비교적 높은 신뢰도를 보이고 있어 오차의 범위가 작은 것으로 짐작할 수 있어 신뢰도는 대체로 만족스러운 것으로 볼 수 있다.

한국판 ISP 척도의 타당도를 알아보기 위해 HGS, DGS, HIPI, DIPI의 4차원으로 나누어서 확인적 요인분석을 실시하였으며, 요인분석 방법으로는 주성분분석방법이 사용되었다. 자기애의 4가지 각 요인에 대해 요인의 수를 1개로 한정하여 NF 1 값을 지정하여 요인분석을 실시하였으며 확인적 요인분석 과정에서 부하량이 .40에 미치지 못하는 문항을 부적절한 것으로 판단하여 제외시켰다.

제외된 문항들은 HGS에서 2문항(23, 45), DGS에서 9문항(7, 10, 13, 14, 15, 30, 31, 35, 64), HIPI에서 4문항(34, 36, 57, 62),

DIPI에서 4문항(8, 55, 63, 78)이었다. <표 3>의 요인분석 결과와 같이 각 척도의 문항들이 .40 이상의 부하량을 나타내고 있어 각 척도의 단일성 요인을 잘 지지하는 것으로 확인할 수 있었다.

문항의 상호관계를 통한 단일요인 분석결과 최종적으로 HGS, DGS, HIPI, DIPI의 4개의 하위 요인의 총 61문항으로 구성된 한국판 ISP 척도를 최종적으로 구성하였다.

<표 2> 예비연구를 통한 탐색적 요인분석 결과(n = 891)

하위 요인	문항 수	.30 미만	.30~.39	.40~.49	.50~.59	.60 이상
HGS	19			3	6	10
DGS	15			5	5	5
HIPI	19		4	5	5	5
DIPI	19		4	5	7	3

<표 3> 본연구를 통한 확인적 요인분석 결과(n = 604)

하위 요인	문항 수	.30 미만	.30~.39	.40~.49	.50~.59	.60 이상
HGS	18			1	8	9
DGS	11			4	5	2
HIPI	16			3	11	2
DIPI	16			8	6	2

예비검사와 본 검사를 통해 구성된 한국판 ISP에 대한 신뢰도를 검증하기 위해 각 하위 요인별 내적 일치도 계수를 산출한 결과, Cronbach α = .747에서 .889로 나타났다. 문항-총점 간 상관이 2문항을 제외하고 모든 문항에서 .40 이상으로 나타나 ISP가 안정적인 척도임이 확인되었다. 검사-재검사신뢰도를 위해 검사 실시 후 2, 3주 간격의 재검사를 실시(n = 143)하였다. 그리고 HGS, DGS, HIPI, DIPI

에서 각각 $r=.92$, .71, .91, .78을 얻어 $r=.71\sim.92$의 범위를 나타냈다.

　HGS, HIPI, DGS, DIPI의 구인에 대해 요인 수를 1개로 지정한 후 NF를 1로 한정하여 주성분분석으로 요인분석을 실시하였다. 요인분석 결과, 각 하위 요인별 문항들이 비교적 높은 부하량을 보이고 있어 본 검사가 갖는 구조적 타당성이 유지되고 있음을 확인할 수 있었다.

<표 4> 한국판 ISP의 신뢰도(n = 604)

하위 요인	문항 수	신뢰도 계수(n = 604)	재검사신뢰도(n = 143)
HGS	18	.89	.92
DGS	11	.75	.71
HIPI	16	.84	.91
DIPI	16	.81	.78

<표 5> 한국판 ISP의 하위 요인과 내용 및 문항

요 인	내 용	문항 수
HGS	현실적인 목표를 향한 자기주장적 노력, 창조성, 열정, 자기-확신, 자기 즐거움	18
DGS	수치나 당황감으로서 나타나는 억압된 과대자기, 낮은 자존감, 작업저해, 우월성의 테마로 나타나는 의식적 과대자기, 지배, 완벽성	11
HIPI	타인의 현실적인 자질에 대한 열성과 감탄, 공감, 내적 긴장 조절능력, 이상발달	16
DIPI	중요한 타인의 애정에 매이고 의지하려는 욕구, 공허감, 삶의 방향 부재, 반동적 격노, 지나치게 비평적인 특성, 중요한 타인이 떠났을 때 혹은 중요한 타인에게 실망했을 때의 우울	16
합 계		61

<표 6>은 ISP 하위 요인 간 상관이 제시되어 있는데, 건강한 차원(HGS와 HIPI) 간에 정적 상관이, 방어적 차원(DGS 와 DIPI) 간에 정적 상관을 나타내었다. 요약적으로 말하면, 과대자기 축의 건강한 측면과 이상화된 부모원상 축의 건강한 측면의 요인이 덜 분화되어 있고, 과대자기 축의 방어적 측면과 이상화된 부모원상 축의 방어적 측면의 요인이 덜 분화되어 있는 특성을 보이는 것으로 볼 수 있다. 그러나 측정변수들에 대해서 요인분석을 실시했을 때, 4개의 요인이 추출된 것은 자기애의 건강성 측면에서 과대자기 축과 이상화된 부모원상 축의 요인이 각각 의미 있게 구별될 수 있고 방어성 측면에서도 이와 동일하다고 볼 수 있다. HGS와 DGS, DIPI와는 $p<.01$ 수준에서 유의한 부적 상관을 보였다.

<표 7>은 ISP 각 차원의 점수범위는 HGS가 18~108점, HIPI가 16~96점, DGS가 11~66점, DIPI가 16~96점에 해당되는데, HGS의 평균은 75.24, HIPI의 평균은 68.29, DGS의 평균은 38.57, DIPI의 평균은 56.97로 나타났으며, 표준편차는 각 하위 차원에서 큰 차이를 보이지 않는 것으로 나타났다.

<표 8>은 성별에 따른 ISP의 차이를 살펴본 것으로, 학년, 연령, 계열에 따라 유의한 차이를 보이지 않았으나, 성별에 따라서는 유의미한 차이가 있었다. 여자집단이 남자집단에 비해 건강한 차원(HGS, HIPI)에서는 차이를 보이지 않았으나, 방어적 차원(DGS, DIPI) 모두에서 다소 높은 점수를 나타내었다. 여자집단에서 자기애의 방어적 차원이 각각 DGS가 약 2점 정도, DIPI가 3.5점 정도가 $p<.01$ 수준에서 유의한 차이로 높게 나타났는데, 이는 여자집단이 타인의 평가에 더 민감하고, 자존감에서 좀더 취약하고, 그러므로 완벽을 추구하고 의존적인 성향이 상대적으로 다소 더 높을

수 있는 가능성으로 해석될 수 있다.

<표 6> 한국판 ISP 하위 요인별 상관(n = 604)

	HGS	HIPI	DGS	DIPI
HGS	1			
HIPI	.78*	1		
DGS	− .13*	− .04	1	
DIPI	− .16*	− .06	.76*	1

* $p<.01$

<표 7> 한국판ISP 하위 요인별 평균과 표준편차(n = 604)

하위 요인	평균	표준편차
HGS	75.24	11.36
HIPI	68.29	9.23
DGS	38.57	7.02
DIPI	56.97	9.78

<표 8> 성별에 따른 한국판 ISP의 차이(n = 604)

	남학생 (n = 351)		여학생 (n = 252)		t
	평 균	표준편차	평 균	표준편차	
HGS	75.74	11.56	74.53	11.08	1.29
HIPI	68.36	9.69	68.19	8.58	.22
DGS	37.88	7.01	39.58	6.90	− 2.96**
DIPI	55.51	9.90	59.04	9.24	− 4.45**
ISP총합	237.48	24.99	241.34	21.19	− 1.99*

* $p<.05$, ** $p<.01$

나. 구조모형의 검증

<표 9>에는 자기애의 4요인 평면모형, 5요인 평면모형, 3차원의 4요인 위계모형, 4차원의 5요인 위계모형의 적합도 지수들이 제시되어 있다.

〈표 9〉 경쟁모형의 적합도 지수(n = 604)

모 형	χ^2	df	χ^2 / df	NFI	TLI	CFI	RMSEA
모형 1	824.1	100	8.24	.97	.97	.97	.109
모형 2	1145.3	165	6.94	.97	.96	.97	.099
모형 3	**487.8**	**102**	**4.78**	**.98**	**.98**	**.99**	**.079**
모형 4	757.7	163	4.65	.98	.98	.98	.083

<표 9>에서 각 모형의 적합도 측정을 위한 통계적 지수로 χ^2은 표본의 크기에 영향을 받기 때문에 자유도(df)에 대한 χ^2의 비율로(송인섭, 1998, 재인용; Bentler & Bonett, 1980; Schmitt, 1978; Shavelson & Bolus, 1982; Wolfle, 1985) 모형의 적합지수를 제시하였다. χ^2 / df 값의 크기에 의한 모형의 적합도 판단은 연구자마다 차이를 나타내고 있으나 Schmitt(1978)의 $\chi^2 / df<10$인 준거에 비춰 볼 때 χ^2 / df 값이 [모형1]은 8.24, [모형2]는 6.94, [모형3]은 4.78, [모형4]는 4.65로 모든 경쟁모형들에서 구조모형으로 해석하는 데에는 무리가 없으나, 상대적으로 [모형3]과 [모형4]가 더 적절한 모형이 될 수 있다고 볼 수 있다. 그러나 χ^2검증에 전적으로 의존하여 모형을 평가하지 않으므로 다양한 적합도 지수를 이용하여 모형을 검증하고자 하였다. 모형을 제대로 평가하기 위해서는

표본의 크기에 민감하게 영향을 받지 않으면서 자료에 잘 부합하는 동시에 간명한 모델을 선호해야(홍세희, 2000) 하므로 AMOS를 활용하여 모형검증을 하고자 하였다. 여기에서 제시되는 두 가지 유형의 적합도 지수는 상대적합도 지수인 NFI, TLI, CFI와 절대적합도 지수 RMSEA를 제시, 비교하여 경쟁모형들을 살펴보았다. 상대적합도 지수가 모든 모형의 모든 적합도 지수에서 .90보다 큰 값을 가지는 것으로 나타나서 통계적으로 모두 적합한 모형이라고 해석할 수 있으나, 상대적으로 모형3이 상대적합도 지수 모두에서 상대적으로 높게 나타난 것을 볼 수 있다. 또한 절대적합도 지수 RMSEA에서는 .08 이하의 값을 가질 때 적절한 적합도라는 기준에 비추어 볼 때, [모형3]이 이에 해당된다고 할 수 있다.

다시 말하면, 적합도 지수를 통해 모형을 평가하면, 상대적 적합도 지수인 NFI, TLI, CFI는 모두 적합도 지수의 해석 기준인 .90 이상으로 자료에 잘 부합되는 것으로 나타났다. 또한 절대적합도 지수 RMSEA를 기준으로 모형을 평가해 보면, 평면모형 중에서는 상대적으로 RMSEA의 지수가 낮은 5요인 평면모형으로 구성된 [모형2]가 4요인 평면모형으로 구성된 [모형1]보다 적합도 지수가 양호한 것으로 나타났다. 잠재변인으로서의 자기애 구인을 상정하는 위계모형들 중에서는 4요인으로 구성된 3차원 위계모형의 [모형3]이 5요인으로 구성된 4차원 위계모형보다 더 적합도 지수가 양호한 것으로 나타났다. 절대적합도 지수가 0.08 이하로 나타나 양호한 적합도를 보인다고 할 수 있다.

표본크기에 민감하지 않고 모형의 간명성을 고려하는 가장 적합한 지수는 TLI와 RMSEA라 볼 수 있다(홍세희, 2000, 2004)는 근거에 따라 TLI가 .98로 모형 중 가장 높게 나타났고, RMSEA가 .08 이하

82

일 때 적절한 양호도라는 기준에 따라 .08 이하를 나타낸 3차원 위계 모형인 [모형3]이 상대적 적합도 지수 NFI, TLI, CFI가 모두 .90 이 상이고 절대적 적합도 지수인 RMSEA가 .08로 나타나 위의 조건들을 가장 잘 충족하고 있다. 그러므로 [모형3]이 본 연구의 한국판 ISP에 가장 잘 부합되는 모형이라고 할 수 있다. 이를 도식으로 나타내면 [그림 6]과 같다. 또한 적합도의 손상 없이 간명하고 설명력이 강한 모형이 최적모형이라는 근거(이순묵, 1990)에 의해 3차원 위계모형인 [모형3]이 최적모형임을 경험적으로 확인하였다. 자기애 하위 요인 중 방어적 과대자기가 수평분열, 수직분열로 분화하는지의 가능성을 알 아보기 위해 5요인으로 구성된 4차원 위계모형을 제시하였으나 3차 원 위계모형인 [모형3]이 본 연구에 사용된 자기애 척도 개발의 이론 적 근거이면서 동시에 가장 적합한 구조모형인 것으로 확인하였다.

[그림 6] 한국판 ISP 척도의 구조모형 회귀계수

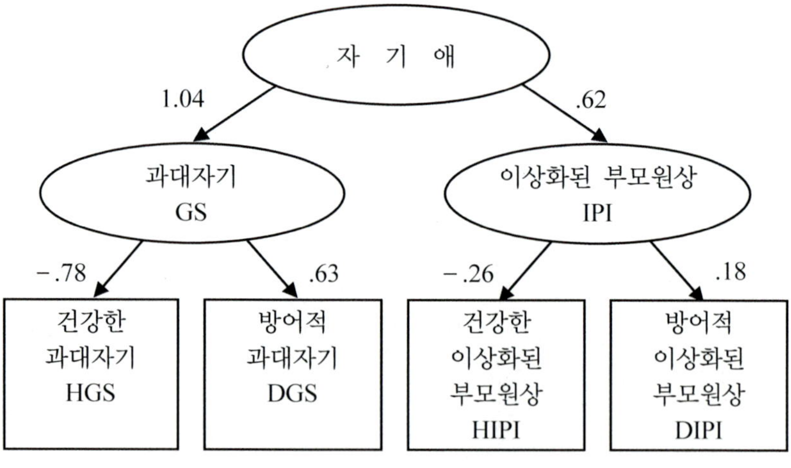

● HGS(Healthy Grandiose Self)　● DGS(Defensive Grandiose Self)
● HIPI(Healthy Idealized Parent Image)　● DIPI(Defensive Idealized Parent Image)
● GS(Grandiose self)　● IPI(Idealized Self)

위의 그림은 본 연구의 자기애 측정의 경쟁모형들 중에서 가장 자기애 구인들을 잘 설명하고 있는 구조모형이며, 검증된 4요인의 3차원 위계모형의 모수추정치에 의한 표준화 계수를 보여주고 있다. 3차원 자기애에 대한 2차원 요인들의 회귀계수는 과대자기가 1.04, 이상화된 부모원상이 .62로 나타났다. 과대자기 축이 자기애 구인에 대해 상대적으로 설명력을 더 많이 갖는 것으로 나타났다. 2차원에서 과대자기의 축은 1차원에 해당하는 요인들로 건강한 과대자기와 방어적 과대자기의 요인으로 분화되는데, 2차원의 과대자기 구인에 대한 건강한 과대자기의 회귀계수는 −.78을 나타내었고 방어적 과대자기의 회귀계수는 .63을 나타내었다. 절댓값으로는 과대자기에 대한 건강한 과대자기와 방어적 과대자기의 회귀계수 중 상대적으로 건강한 과대자기에 대해서 더 많이 설명하고 있는 것으로 나타났으며, 건강한 과대자기가 부적인 것으로 나타난 것은 과대자기의 개념에 부정적인 의미를 내포하고 있으나, 과대자기 구인의 하위 차원에 건강한 과대자기의 특성이 있다는 것을 확인할 수 있는 결과를 보여준 것이라고 말할 수 있다. 즉 과대자기의 구인에서는 방어적 과대자기 요인보다 건강한 과대자기 요인에 대한 설명력이 상대적으로 더 높다고 할 수 있다.

다른 한편 2차원에서 이상화된 부모원상 축은 1차원에 해당하는 요인들로 건강한 이상화된 부모원상과 방어적 이상화된 부모원상의 요인으로 분화되는데, 2차원의 이상화된 부모원상 구인에 대한 건강한 이상화된 부모원상 요인의 회귀계수는 −.26으로 나타났고, 방어적 이상화된 부모원상 요인의 회귀계수는 .18로 나타나, 회귀계수의 절댓값으로 볼 때 2차원의 이상화된 부모원상 축은 1차원의 방어적 이상화된 부모원상 요인보다는 건강한 이상화된 부모원상 요인을 상대적으로 더 설명하고 있는 것으로 나타났다. 즉, 2차원의 과대자기와 이상화된 부모원상 요인은 1차원의 요인들 중 방어적 특성보다는 건강한 특성에 대해서 상대적으로 더 많이 설명하고 있는 것으로 나타났다.

요약하자면, 본 연구에서 가장 적합한 것으로 나타난 자기애의 구조모형은 첫째, Kohut이 자기애가 두 축을 따라 발달한다는 자기의 이중 축 이론을 지지하고 있는 결과를 나타내었다. 둘째, 자기애의 구인에서 과대자기 축과 이상화된 부모원상 축은 건강한 측면의 하위 차원과 방어적 측면의 하위 차원으로 분화된다는 것이다. 셋째, 나타난 회귀계수는 자기애의 구인에서 1차원의 요인 중 건강한 특성이 방어적 특성보다 2차원의 요인인 과대자기 축과 이상화된 부모원상 축에 대해 더 많은 설명력을 가진다고 할 수 있겠다. 그러므로 자기애의 구인에서 건강한 자기애가 확인되었다.

4. 요 약

연구 Ⅰ에서는 가설적 경쟁모형 중 한국판 ISP의 구조에 가장 적합한 모형은 무엇인가라는 연구문제 1을 검증하기 위해서 이루어졌다. 이를 검증하기 위해 번역과 역번역, 내용타당도 과정을 거치면서 개념에 대한 정의와 일치하는지를 확인하면서, 예비검사를 실시하였다. 예비검사를 실시하여 탐색적 요인분석을 통해서 72문항이 선정되었다. 그 후 본 검사에서 72문항에 대해 확인적 요인분석을 실시하여 61문항이 선정되었다.

한국판 ISP의 요인의 구조는 HGS, DGS, HIPI, DIPI의 4가지 요인으로 확인이 되었고, 하위 요인 각각의 Chronbach α =.89, .75, .84, .81로 나타나서 적절히 높은 신뢰도를 보여주었다.

요인분석에서 방법으로는 여러 가지 방법으로 시도하여 Slyter (1989)의 연구에 가장 합치된 요인의 구조를 찾는 것이 적절하다고 판단되었다. 가장 적절한 방법은 각각의 요인을 하나의 요인으로 설정하여 NF 1로 한정하여 부하량이 높은 문항을 선정하는 것이 바람직하다고 판단하여 예비연구에서는 .30 이상의 부하량을 가진 문항들을 선택하였고, 본 연구에서는 .40 이상인 문항들을 선정하여 한국판 ISP의 문항을 구성하였다.

확인적 요인분석을 통해 최종 확인된 한국판 ISP 61문항은 HGS 18문항, DGS 11문항, HIPI 16문항, DIPI 16문항으로 구성되어 있고, HGS는 현실적인 목표를 향한 자기주장적 노력, 창조성, 열정, 자기−확신, DGS는 수치나 당황감으로서 나타나는 억압된 과대자기로서 낮은 자존감, 당황, 수치, 작업저해, 우월성의 테마로 나타나는 의식적 과대자기로서 지배, 완벽성, HIPI는 타인의 현실적인 자질에 대한 열성과 감탄, 공감, 내적 긴장 조절능력, 이상발달, DIPI는 중요한 타인의 애정에 매이고 의지하려는 욕구, 공허감, 삶의 방향부재, 반동적 격노, 지나치게 비평적인 특성, 중요한 타인이 떠났을 때 혹은 중요한 타인에게 실망했을 때의 우울을 내용으로 포함하고 있다.

한국판 ISP의 구조에 가장 적합한 모형은 무엇인가를 증명하기 위해서 61문항의 요인구조가 평행적으로 이루어진 측정인지, 아니면 3차원 이상의 위계적 구조모형을 갖는지 검증하기 위해 경쟁모형들을 제시하고, 구조모형에 대한 적합도를 검증하였다. 모형1은

4요인 2차원 평면모형, 모형2는 5요인 2차원 평면모형, 모형3은 4요인의 3차원 위계모형, 모형4는 5요인의 4차원 위계모형으로 측정모형이 제시되었고, 이들 모형 중에 모형3의 4요인의 3차원 위계모형이 한국판 ISP를 가장 적합하게 설명해 주는 측정모형으로서 검증되었다.

일반적으로 표준화된 회귀계수가 .30 이상이면 유의한 것으로 보는데(홍세희, 2004), 구조모형의 표준화 계수 또한 과대자기 축에 대한 HGS의 회귀계수는 -.78, DGS는 .63으로 큰 값을 가지며, ISP는 하위 차원 중 과대자기 축을 더 잘 설명하는 것으로 나타났다.

이로써 연구문제 1에 대해 지지하는 결과를 보여주었다. 즉 개념적, 측정학적인 타당화를 위한 연구Ⅰ에서는 한국판 ISP가 적절히 높은 신뢰도를 갖추고 있으며, 4개의 요인이 3차원의 위계모형을 이루고 있는 측정도구라는 것으로 검증되었다. 이는 Kohut의 자기애의 이중 축 이론을 지지할 뿐 아니라, 자기애에는 건강한 특성이 있다는 것을 확인할 수 있는 것이었다.

Ⅳ. 연구 Ⅱ : 관련변인과의 관계연구를 통한 외적 타당화

연구 Ⅱ에서는 연구Ⅰ을 통해 신뢰도를 검증하고 요인의 구조모형이 확인된 한국판 ISP와 다른 자기애 측정도구로서, 외현적 자기애를 측정하는 NPI, 내현적 자기애를 측정하는 CNS, 관련변인들인 자존감, 우울, 공감, 자기애적 상처와의 관련성을 검토함으로써, 공인타당도를 검증하고자 하였다. 다른 도구들과 관련변인들과의 탐색은 한국판 ISP의 타당화를 위한 중요한 과정으로서, ISP의 요인에 대한 내용을 확인해 줄 수 있다. 그리고 이러한 한국판 ISP가 다른 집단에서도 일반화가 가능한지 검증하여 일반화 가능성을 확보하고, 임상집단에서도 적용할 수 있는 도구인지를 확인하고 적용가능성을 제시하고자 하였다.

1. 연구방법

가. 대 상

표집 – 연구대상은 서울, 경기, 강원지역에 소재한 대학의 대학생과 대학원생 604명이었다. 그중 남자는 352명(58.3%), 여자는 252명(41.7%)이었다. 학년별로는 1학년이 103명(17.1%), 2학년이 85명(14.1%), 3학년이 246명(40.7%), 4학년이 151명(25%), 대학원생이 18명(3%)이었다. 연령별로는 20세 이하가 90명(14.9%), 21세가 59명(9.8%), 22세가 98명(16.2%), 23세가 77명(12.7%), 24~26세가 205명(33.9%), 27~29세가 67명(11.1%), 30세 이상이 8명(1.3%)이었다.

전공계열로는 사회계열이 29.5%, 인문계열이 22.0%, 예체능계열이 17.1%, 이공계열이 14%, 자연계열이 7.3%, 사범계열이 6.3% 정법계열이 2.2%, 기타계열이 1.7%를 나타내었고, 전공만족도에서는 만족이 49.7%, 보통 43.6% 불만족이 6.5%로 대부분이 전공에 대해서는 만족도가 어느 정도 있는 표집이었고, 상담 유경험자가 16.1%였으나 이 중 85.3%는 1~4회 초기단계의 경험자로서 상담경험이 영향을 주었다고 할 수 없는 일반인집단으로 간주할 수 있다.

나. 도 구

(1) 한국판 ISP

Slyter(1989)의 ISP를 본 연구자가 타당화한 61문항의 자기애 측정도구로서, '전적으로 나와 같지 않다'에 1점, '매우 나와 같지 않다'에 2점, '다소 나와 같지 않다'에 3점, '다소 나와 같다'에 4점, '매우 나와 같다'에 5점, '전적으로 나와 같다'에 6점을 주도록 되어 있는 6점 리커트 척도이다. 하위 요인별로 각 점수가 높을수록 각 하위 요인의 특성이 강함을 나타낸다.

하위 요인별 Chronbach α 계수는 건강한 과대자기(HGS)가 .89, 건강한 이상화된 부모원상(HIPI)이 .84, 방어적 과대자기(DGS)가 .75, 방어적 이상화된 부모원상(DIPI)이 .81로 나타났고, Chronbach α 범위는 .75~.89이다. 2, 3주 간격의 재검사신뢰도는 HGS, DGS, HIPI, DIPI가 각각 $r=.92, .71, .91, .78$을 나타냈다.

(2) 준거 도구

(가) 자기애적 성격검사(NPI; Raskin & Hall, 1979, 1981)

DSM-Ⅲ(American Psychiatric Association, 1980)의 자기애적 성격장애 진단 준거를 바탕으로 개발한 자기애 측정도구로서, 최초의 232문항에서 80개의 문항을 선발하였고, 후속연구에서 내적 합치도가 높은 문항 54개로 축소하였다. 이후에 Raskin와 Terry(1988)는 주성분분석을 거쳐서 54문항을 40문항으로 축소하였다.

한 문장에 대해 예, 아니요 응답 방식에서 최근 자기애적인 내용과 그렇지 않은 내용으로 된 두 문장 중 하나를 선택하도록 하는 강제선택 방식으로 바뀌었다. 점수가 높을수록 자기애적 성격성향이 높은 것을 의미한다. Emmons(1987)는 신뢰도 계수 .68~.87로, Raskin & Terry(1988)는 .50~.73의 신뢰도 계수를 산출하였다. 본 연구에서는 한수정(1999)이 번안하고, 정남운(2001b)이 요인분석을 통하여 축소한 32문항을 사용하였다. 한 문항에서 두 개의 문장 중에 하나를 선택하여 자기애적인 성향에 응답했을 때 점수를 얻게 된다. 점수의 범위는 0점에서 32점이다. 정남운(2001b)은 요인 1(리더십 / 자신감) 10문항, 요인 2(권력욕구 / 특권의식) 9문항, 요인 3(과시 / 칭찬욕구) 9문항, 요인 4(우월의식) 4문항으로 명명하였고, 하위 척도들 Chronbach $\alpha = .65 \sim .73$의 범위로 나타났다. 본 연구에서는 요인 1에서 요인 4의 각각의 Chronbach $\alpha = .72, .67, .63, .61$을 나타냈다.

(나) CNS(강선희, 2001)

Akhtar와 Thomson(1982)은 자기애의 유형을 외현적 자기애와 내현적 자기애의 두 가지로 보고 있다. NPI(1979, 1981)는 외현적 자기애를 측정하는 것으로 보는 반면, 강선희(2001)는 내현적 자기애를 측정하는 척도 CNS(2001)를 개발했다. CNS는 내현적 자기애를 측정하는 5가지 차원으로 나누었는데, 요인 1(목표불안정) 9문항, 요인 2(인정욕구 / 거대자기 환상) 9문항, 요인 3(착취 / 자기중심성) 9문항, 요인 4(과민 / 취약성) 10문항, 요인5(소심 / 자신감 부족) 8문항의 총 45문항으로 5점 리커트 척도로 구성되었다. 본 연구에서는 6점 리커트 척도로 구성하고 CNS(2001)를 실시하였다. 강선희(2001) 연구에서는 목표불안정, 인정욕구 / 거대자기 환상, 착취 / 자기중심성, 과민 / 취약성, 소심 / 자신감 부족에서 각각 순서대로 Chronbach α = .89, .81, .74, .80, .77이었고 점수의 범위는 45점에서 270점이다. 본 연구에서는 요인 1에서 요인5의 각각의 Chronbach α = .90, .82, .81, .55, .80을 나타내었다.

(다) 자존감 척도(SES; Rosenberg, 1965)

SES(Rosenberg, 1965)는 자기개념의 특정영역에 국한되지 않는 자기존중감을 측정하는 것을 내용으로 하는데, 본 연구에서는 이훈진과 원호택(1995)이 번안한 한국판 척도를 사용하였다. 요인분석의 결과는 단일요인으로 확인되었다. 총 문항은 10문항으로서 5점 리커트 척도로 평정하도록 되어 있으나, 본 연구에서는 6점 리커트 척도로 응답하도록 구성하였다. 점수의 범위는 10점에서 60점까지이고 한국판 척도의 내적 합치도는 Chronbach α = .89였다. 본 연구에서는 Chronbach α = .85를 나타내었다.

(라) 공감척도(Davis, 1980)

Davis는 공감을 다차원적인 특성을 가진 것으로 파악하고 4가지 하위 차원으로 나누어 각 차원별 하위 척도를 제작하였다. 관점취하기척도(perspective – taking scale), 상상척도(fantasy scale), 공감적 관심척도(empathic concern scale), 개인적 고통척도(personal distress scale)로 명명하고, 각 문항이 7개씩, 총 28문항으로 Cronbach α =.70~.78로 나타났고, 60~75일 간격의 검사 – 재검사신뢰도는 r =.62~.81로 나타났다. 5점 리커트 척도를 본 연구에서는 6점 리커트 척도로 구성하였다. 본 연구에서는 공감의 인지적 요소인 관점수용을 측정하는 Davis의 4가지 하위 척도 중 관점취하기척도를 신경일이(1994)이 번안하여 사용한 것을 사용하였다. Davis의 7문항 중한 개의 문항이 누락되어 6문항에 대한 Cronbach α =.62로 나타났다. 점수의 범위는 6점에서 36점까지이다. 본 연구에서는 6문항으로 측정하였고 6점 리커트 척도로 수정하여 사용하였다. 본 연구에서는 Chronbach α =.78을 나타냈다.

(마) 우울척도(BDI; Beck 등, 1967)

임상적인 우울증상을 토대로 만든 것으로서, 우울증의 유형과 정도를 측정하고 있다. Beck 등(1961)의 우울증 측정표와 신뢰도 및 양분상관계수는 .65~.67의 범위였다. 이영호(1993)는 이를 번안, 타당화하였는데, 대학생을 대상으로 실시하여 Cronbach α =.98, 반분신뢰도 계수는 .91을 나타내었다. 본 연구에서는 이영호(1993)가 번안한 것을 사용하였다. 21문항으로 되어 있고, 각 문항에 4개의 문장이 증상의 심한 정도에 따라 기술되어 있어서, 각 문항에 있는 네 개의 문장에 따라 0, 1, 2, 3점으로 점수를 다르게 주어 채점하도록 되어 있다. 점수의 범위는 0점에서 63점이다. 본 연구에서는 Chronbach α =.88을 나타냈다.

(바) NIS(Slyter, 1991)

Slyter(1991)는 Miller(1981)가 아동 자신과 부모-아동관계에 대해 자기애적으로 상처받은 개인의 감정과 지각을 기술한 것을 기초로 최초에 130문항을 개발했고, 이는 개인에게서 일어났을 수 있는 초기 아동기의 방임과 학대로 인한 상처와 자기애적 손상의 정도를 측정한다. 사전연구는 α =.88(Slyter, 1986)이었고, Zamostny, Slyter와 Rios(1993)는 The Bell Global Psychopathology Scale(BGP; Schwab, Bell, Warheit, & Schwab,1979)과 함께 타당화하였다. 신뢰도를 분석한 결과, α =.94로 높은 수준의 내적 일치도(n=279)를 나타냈다.

Elbern(2000)은 NIS(Slyter,1991)에 대해서도 요인분석을 실시하였다. 요인분석을 통해 3개의 요인을 발견했고, 요인 1은 실패(Failure), 요인 2는 방임(Neglect), 요인 3은 우월(Superiority)로 명명하고, 각각의 문항 수는 17개, 5개, 8개로서 Slyter(1991)의 NIS에서 20개의 문항이 누락되고 30개의 문항으로 구성되었다.

본 연구에서는 본 연구자가 번안하고 전문가의 자문으로 수정된 도구에 대해 신뢰도 분석과 타당도 분석을 한 후 4개의 요인을 추출했다. NIS에 대해서 요인의 수를 결정하기 위하여 누적분산비율, 스크리 도표, 요인의미의 해석가능성을 고려하여 여러 차례 요인분석을 시도해 보면서 주성분분석방법으로 탐색적 요인분석을 실시하였다. 단일성 차원의 4요인으로 추출하고 요인부하량이 .30 이하인 5문항을 제외하여 총 45문항으로 NIS의 최종문항을 선정하였다.

94

요인 1에 대해서는 Elbern(2000)이 실패라고 명명한 요인 1의 문장들이 포함되어 있었고, '나 자신을 실패자라고 생각한다.' '나는 무시당함을 느낀다.'와 같은 문항들이 포함되어 있어 요인 1을 실패감 / 무시감이라고 명명하였다. 요인 2에 대해서는 '나는 정말 주목받기를 바란다.' '나는 다른 사람들에게 우월성을 보여주고 싶어 한다.'와 같은 문항들로 인해 요인 2는 인정욕구 / 우월감이라고 칭하는 것이 적절하다고 생각되었다. 요인 3에 대해서는 Elbern(2000)이 방임이라고 명명한 요인의 문항이 포함되고 '부모님은 내가 느끼는 어떠한 분노의 표현도 부정적으로 반응했다.'와 같은 문항들이 포함되어 있어서 요인 3은 방임이라고 명명하였다. 요인 4에 대해서는 '나는 언제나 모범적이어야 하고 사람들이 기대하는 것 혹은 하는 것에 필요한 능력을 갖추어야 한다.'와 같은 문항들이 포함되어 있어서 요인 4는 자신과 타인에 대한 과도한 요구로 명명하였다. NIS의 요인별 문항구성은 아래 <표 10>과 같다. 각 요인의 Chronbach α 계수는 요인 1(실패감 / 무시감)은 .93, 요인 2(인정욕구 / 우월감)는 .78, 요인 3(방임)은 .83, 요인 4(자신과 타인에 대한 과도한 요구)는 .70으로 나타났다.

〈표 10〉 NIS 척도의 문항구성과 신뢰도 계수(n = 604)

요인명	문항번호	문항수	Chronbach α
실패감 / 무시감	3, 12, 13, 14, 16, 18, 19, 21, 24, 25, 27, 29, 33, 34, 36, 37, 41, 42, 43, 45, 48, 49	22	.93
인정욕구 / 우월감	2, 4, 6, 7, 15, 17, 28, 32	8	.78
방 임	26, 38, 39, 40, 44, 46, 47, 50	8	.83
자신과 타인에 대한 과도한 요구	5, 8, 9, 10, 11, 22, 23	7	.70

*역채점 문항—3, 38, 40, 44, 46, 47, 50

2. 연구절차와 분석방법

604명의 피험자들에게 한국판 ISP, NPI(외현적 자기애 척도), CNS(내현적 자기애 척도), NIS(자기애적 상처척도), BDI(우울척도), 공감, 자존감 척도를 실시하고 상관분석을 실시하여 공인타당도를 분석하였다. 재검사신뢰도 분석과 교차타당도와 집단변별타당도를 분석하였다. 분석을 위해서 SPSS WINDOW 12.0을 사용하였다.

3. 연구결과

가. 공인타당도

〈표 11〉 한국판 ISP와 CNS, NPI, 우울, 자존감,
공감과의 공인타당도(n = 604)

준거도구 \ ISP	HGS	DGS	HIPI	DIPI
CNS	−.32**	.70**	−.24**	.70**
NPI	.44**	−.14**	.22**	−.18**
우울(BDI)	−.30**	.31**	−.22**	.34**
자존감	.62**	−.41**	.50**	−.38**
공 감	.40**	−.09**	.51**	−.10*

* *p*<.05, ** *p*<.01

<표 11>은 다른 준거도구들(NPI, CNS, 우울, 자존감, 공감)과 관

계탐색을 통해서 한국판 ISP의 공인타당도를 분석한 결과이다. NPI는 ISP의 건강한 차원(HGS, HIPI)과 정적 상관($p<.01$, $r=.44$, .22)이 있었고, 방어적 차원(DGS, DIPI)과는 낮은 정도의 부적 상관($p<.01$, $r=-.14$, $-.18$)을 나타냈고, CNS는 ISP의 건강한 차원(HGS, HIPI)과 부적 상관($p<.01$, $r=-.32$, $-.24$)을 나타내었고, 방어적 차원(DGS, DIPI)과는 매우 높은 정도의 정적 상관($p<.01$, $r=.70$, .70)을 나타냈다. 즉 NPI는 ISP의 건강한 차원(HGS, HIPI)과 유의미한 정적 상관을 나타냈고, CNS는 ISP의 방어적 차원(DGS, DIPI)과 유의미하게 높은 정적 상관이 있었다.

우울은 방어적 차원(DGS, DIPI)과 정적 상관($p<.01$, $r=31$, 34)이 있었고, 건강한 차원(HGS, HIPI)과는 부적 상관($p<.01$, $r=-.30$, $-.22$)을 나타냈다. 자존감은 건강한 차원과 높은 정도의 정적 상관($p<.01$, $r=.62$, .50)을 나타냈고, 방어적 차원(DGS, DIPI)과는 부적 상관($p<.01$, $r=-.41$, $-.38$)을 나타냈다. 공감은 건강한 차원(HGS, HIPI)과는 정적 상관($p<.01$, $r=.40$, .51)을 나타냈고, 방어적 차원(DGS, DIPI)), 과는 미미한 부적 상관($p<.05$, $r=-.90$, $-.10$)을 나타냈다.

ISP의 건강성 차원 각각에서 보면 자존감은 HGS와 상대적으로 더 높은 정적 상관이 있었고, 공감은 HIPI와 상대적으로 더 높은 정적 상관이 있었다. 방어적 차원(DGS, DIPI)에서 자존감은 DGS와 상대적으로 더 높은 부적 상관을 나타내어, 우울은 방어적 이상화된 부모원상과 가장 관련이 높았고, 자존감은 과대자기 축과 더 깊은 관련을 보이며, 공감은 이상화된 부모원상 축과 더 깊은 관련이 있는 것으로 나타났다.

요약하면, CNS는 자기애의 방어적 차원(DGS, DIPI)과 상관이 높게 나타났고, NPI는 HGS와 상관이 있는 것으로 나타났다. 자존감은 HGS와 상관이 높게 나타났으며, 자존감은 HIPI와도 상관이 있는 것으로 나타났다. 또한 자존감이 낮으면, DGS가 높아지는 정도와 관련이 있을 수 있다. 공감은 HIPI, HGS와 상관이 있는 것으로 나타났다.

〈표 12〉 한국판 ISP 하위 요인과 NPI, CNS 하위
요인 간의 공인타당도(n = 604)

NPI · CNS	ISP	HGS	DGS	HIPI	DIPI
NPI	리더십 / 자신감	.41*	− .25*	.19*	− .33*
	권력욕구 / 특권의식	.28*	.040*	.13*	− .04
	과시 / 칭찬욕구	.34*	− .07*	.20*	− .01
	우월의식	.29*	− .12*	.11*	− .14*
CNS	목표불안정	− .51*	.43*	− .39*	.57*
	인정욕구 / 거대자기 환상	.12*	.53*	.15*	.52*
	착취 / 자기중심성	− .07	.45*	− .16*	.37
	과민 / 취약성	− .31*	.69*	− .22*	.68
	소심 / 자신감 부족	− .42*	.57*	− .28*	.56*

*p<.01

<표 12>는 외현적 자기애를 측정하는 NPI와 내현적 자기애를 측정하는 CNS 하위 차원과 ISP와의 관계를 나타내고 있다. HGS는 NPI의 하위 차원 중 리더십 / 자신감, 과시 / 칭찬욕구, 우월의식, 특권의식과 정적 상관(p<.01, r=41, .34 .29, .28)을 나타냈고, CNS의 하위 차원 중 목표불안정, 소심 / 자신감 부족, 과민 / 취약성과 부적 상관(p<.01, r = −.51, −.42, −.31)을 나타냈고, 인정욕구 / 거대자

기 환상과는 낮은 정도의 정적 상관(p<.01, r=.12)을 나타냈다.

DGS는 NPI의 하위 차원 중 리더십 / 자신감, 우월의식과 낮은 정도의 부적 상관(p<.01, r= −.25, −.12)을 나타냈고, 권력욕구 / 특권의식, 과시 / 칭찬욕구와는 유의미한 상관이 없었다. CNS의 하위 차원 중 과민 / 취약성, 소심 / 자신감 부족, 인정욕구 / 거대자기 환상, 목표불안정, 착취 / 자기중심성과는 높은 정도의 정적 상관(p<.01, r=.69, .57, .53, .48, .45)을 나타내어 모든 하위 차원에서 CNS는 DGS와 유의미한 정적 상관이 있었다.

HIPI는 NPI의 하위 차원 중 과시 / 칭찬욕구, 리더십 / 자신감, 권력욕구 / 특권의식, 우월의식의 모든 하위 차원에서 낮은 정도의 상관(p<.01, r=.20, .19, .13, .11)을 나타냈다. CNS의 하위 차원에서는 목표불안정, 소심 / 자신감 부족, 과민 / 취약성, 착취 / 자기중심성에서 부적 상관(p<.01, r= −.39, −.28, −.22, −.16)을 나타냈고, 인정욕구 / 거대자기 환상에서는 낮은 정도의 정적 상관(r=.15)을 나타냈다.

DIPI는 NPI의 하위 차원 중 리더십 / 자신감, 우월의식과 부적 상관(p<.01, r= −.33, −.14)을 나타냈고, 권력욕구 / 특권의식, 과시 / 칭찬욕구와는 유의미한 상관이 없었다. CNS의 하위 차원 중에는 과민 / 취약성, 소심 / 자신감 부족, 목표불안정, 인정욕구 / 거대자기 환상, 착취 / 자기중심성과 높은 정적 상관(r=.68, .56, .57, .52, .37)을 나타내어 CNS의 모든 하위 차원과 DIPI와는 높은 정적 상관을 나타내었다. 즉 CNS의 모든 하위 차원은 ISP의 방어 차원(DGS, DIPI)과 높은 정적 상관이 있었다.

NPI의 모든 하위 차원은 ISP의 HGS와 다소 높은 정적 상관을 보이고, HIPI와는 다소 낮은 정도의 상관을 나타냈으며, CNS의 모든 하위 차원은 ISP의 DGS와 DIPI와는 높은 정도의 정적 상관을 나타내었다.

요약하면, HGS는 NPI 하위 요인 중 리더십 / 자신감과 관련이 있었고, CNS 하위 요인 중 목표불안정, 소심 / 자신감 부족은 HGS와 부적 상관을 나타냈다. 방어적 과대자기 DGS는 CNS의 모든 하위 요인에서 높은 정도의 정적 상관을 나타냈는데, 그중 과민 / 취약성과 매우 높은 정적 상관을 나타내었고, 소심 / 자신감 부족, 인정욕구 / 거대자기 환상, 착취 / 자기중심성, 목표불안정 요인에서 상관을 나타냈다. HIPI는 CNS의 목표불안정 척도와 낮은 정도의 부적상관을 나타냈다. DIPI은 NPI의 모든 하위 요인과 관련이 없었고, 리더십 / 자신감 요인과는 낮은 정도의 상관이 있었다. CNS의 하위 요인에서는 과민 / 취약성, 목표불안정, 소심 / 자신감 부족, 인정욕구 / 거대자기 환상이 DIPI와 정적상관이 있었다. 자기애의 방어적 차원(DGS, DIPI)은 CNS의 과민 / 취약성과 높은 정적상관을 나타냈다. NPI와 CNS의 하위 요인 중에서 NPI의 리더십 / 자신감만이 HGS와 정적상관이 있는 것으로 나타났다.

한국판 ISP에 대한 NIS 하위 요인과의 관계를 통한 타당도 분석은 <표 13>에 제시되어 있다.

〈표 13〉 한국판 ISP 하위 요인과 NIS 하위 요인과의 공인타당도(n = 604)

NIS	ISP	ISP (건강성 차원전체)	HGS	HIPI	ISP (방어성 차원전체)	DGS	DIPI
실패감 / 무시감		− .40*	− .42*	− .33*	.74*	.69*	.70*
우월감 / 인정욕구		.46*	.44*	.42*	.42*	.40*	.39*
방 임		− .60*	− .58*	− .55*	.24*	.24*	.22*
자신과 타인에 대한 과도한 요구		.13*	.15*	.07	.40*	.44*	.33*

* *p*<.01

NIS의 4개의 하위 차원들—실패감 / 무시감, 우월감 / 인정욕구, 자신과 타인에 대한 과도한 요구, 방임—은 ISP 전체 방어성 차원들과 모두 정적 상관($p<.01$, $r=.74$, .42, .40, .24)을 나타내었다. ISP의 전체 건강성 차원들에서는 방임, 실패감 / 무시감에서 다소 높은 정도의 부적 상관($p<.01$, $r=-.60$, -40)을 나타내었고, 우월감 / 인정욕구와는 높은 정적 상관($p<.01$, $r=.46$)을 자신과 타인에 대한 과도한 요구와는 낮은 정도의 정적 상관($p<.01$, $r=.13$)을 나타내었다.

HGS는 방임, 실패감 / 무시감과 높은 정도의 부적 상관($p<.01$, $r=-.58$, $-.42$)을 나타내었고, 우월감 / 인정욕구와 높은 정적 상관($p<.01$, $r=.44$)을 나타냈고 자신과 타인에 대한 과도한 요구와는 낮은 정도의 정적 상관($p<.01$, $r=.15$)을 나타내었다. HIPI는 방임, 실패감 / 무시감과 부적 상관($p<.01$, $r=-.55$, $-.33$)을 나타내었고, 우월감 / 인정욕구와는 높은 정도의 정적 상관($p<.01$, $r=.42$)을 나타내었으며, 자신과 타인에 대한 과도한 요구는 유의미한 상관이 없었다. DGS는 실패감 / 무시감, 자신과 타인에 대한 과도한 요구, 우월감 / 인정욕구, 방임에서 모두 정적 상관($p<.01$, $r=.69$, .44, .40, 24)을 나타내었다. DIPI는 실패감 / 무시감, 우월감 / 인정욕구, 자신과 타인에 대한 과도한 요구, 방임에서 모두 유의미한 정적인 상관($p<.01$, $r=.70$, .39, .33, .22)을 나타내었다.

NIS와 ISP의 관련성을 종합하여 보면, 실패감 / 무시감은 자기애차원에서 방어적인 차원과 유의미한 상관이 높았으며, 우월감 / 인정욕구는 ISP의 4가지 차원 모두에서 높은 정도의 정적 상관을 나타내었다. 방임은 ISP의 방어적 차원(DGS, DIPI)과 낮은 정도의 상관이 있었으나 상대적으로 건강한 차원(HGS, HIPI)과 더 높은 정도의 부적 상관이 있었다. 자신과 타인에 대한 과도한 요구는 ISP 건강한 차원(HGS, HIPI)과도 낮은 정도의 정적 상관이 있었으나, ISP 방어적 차원(DGS, DIPI)과 상대적으로 더 높은 정도의 정적 상관을 나타내었다.

나. 교차타당도

한국판 ISP모형이 표집에 종속된 모형인지 다른 표집에도 일반화할 수 있는 모형인지를 검증하기 위해 교차타당도를 확인하였다. <표 14>는 본 검사 연구대상에 포함되었던 표집 중의 일부에서 남학생집단(n＝210), 여학생집단(n＝204)과 또 본 검사 표집에 포함되지 않았던 일반대학생집단(n＝171)의 세 집단으로 나누어 적합도 지수를 비교한 것이다.

〈표 14〉 한국판 ISP의 교차타당도

적합도 지수 / 집단별	χ^2	df	NFI	TLI	CFI	RMSEA
여학생집단 (n＝204)	303.1	115	.97	.98	.98	.089
남학생집단 (n＝210)	227.6	115	.98	.99	.99	.068
교차타당도집단 (n＝171)	243.2	115	.97	.98	.98	.081

본 검사 연구대상을 남학생, 여학생집단으로 구분하여 교차타당도를 분석한 결과 상대적 적합도 지수는 모두 .90 이상으로 나타났으며, 절대적 적합도 지수인 RMSEA의 경우 남학생 집단이 .068로 좋은 양호도를 보이고 있으며 여학생집단은 .089로 보통의

102

적합도를 보여주는 것으로 나타났다. 또한 본 검사 실시에 포함되지 않은 171명을 대상으로 교차타당도를 분석한 결과 NFI=.97, TLI=.98, CFI=.98로 모두 .90 이상으로 나타났으며 RMSEA도 .081로 나타나 보통의 적합도를 보여주는 것으로 나타났다.

결론적으로 상대적 적합도 지수인 NFI, TLI, CFI와 절대적 적합도 지수인 RMSEA의 지수들이 세 집단에서 근소한 차이를 보이나, 본 연구의 자기애 구인의 내적 구조모형이 여학생집단, 남학생집단, 교차타당도 표집에서 상대적 적합도 지수가 모두 .90 이상이고 RMSEA 지수가 .80 정도로 확인되어 자기애 척도(ISP)의 4요인 위계모형이 상이한 집단에서도 적합한 것으로 검증되었다.

다. 집단변별 타당도

<표 15>에서는 집단 간 차이의 분석결과를 보여주고 있는데, 내담자집단과 일반집단 사이에 점수가 차이를 보이는지 검증하였다. 일반집단(n=49)은 본 검사를 위한 피험자 중(n=604)에서 무선으로 표집한 집단(n=49)이었고, 내담자집단(n=37)은 서울 소재 4개 대학의 대학상담소에서 상담을 하기 위해 접수면접을 신청한 학생들(n=22)과 충청 소재 대학의 대학상담소에서 개인상담신청자(n=1), 서울 소재 1개 대학의 대학상담소에서 집단상담에 참여한 사람들(n=14)을 대상으로 질문지에 응답해 줄 것을 요청하였다.

내담자집단에 대해서 상담이 이루어지기 전에 응답을 요청하여 상담으로 인해 ISP 점수에 영향을 주지 않도록 개인상담과 집단상담이 이루어지기 전에 질문지가 제시되도록 설문 실시자들에게 요청하고 내담자들에게서 실시되었다.

<표 15> 한국판 ISP 점수의 일반집단과 임상집단에서의 차이

집단별 ISP 하위 요인	일반집단(n=49)		임상집단(n=37)		t
	평 균	표준편차	평 균	표준편차	
건강한자기애	159.84	12.14	139.97	21.67	4.90*
HGS	84.02	7.56	72.95	13.20	5.19*
HIPI	75.82	6.27	67.03	9.41	5.40*
방어적자기애	93.06	17.18	105.57	15.79	−3.26*
DGS	37.61	7.67	42.78	6.73	−3.19*
DIPI	55.45	10.88	62.78	10.13	−3.46*
ISP 전체	252.90	18.64	245.54	24.36	1.59

* $p<.01$

결과는 $p<.01$ 수준에서 ISP의 각 하위 차원인, HGS, HIPI, DGS, DIPI에서 모두 유의미한 차이를 나타내었다. 자기애의 건강한 차원(HGS, HIPI)은 일반집단이 내담자집단보다 유의미하게 높은 결과를 나타내었고, 자기애의 방어적 차원(DGS, DIPI)은 내담자집단이 일반집단보다 유의미하게 높은 결과를 나타내었다. 표준편차에서 내담자집단이 다소 눈에 띄게 높았는데, 이는 내담자집단의 HGS, HIPI에서 이질성이 있을 수 있다는 추론이 가능하다. 즉, 일반집단은 자기애의 건강한 차원에서는 내담자집단보다 높게 나타났으며, 방어적 차원에서는 일반집단이 내담자집단보다 낮게 나타났다. 내담자집단은 자기애의 건강한 차원에서는 일반집단보다 낮게 나타났고 방어적 차원에서는 일반집단보다 높게 나타났으므로 종합적으로 볼 때, 한국판 ISP는 임상집단과 일반집단을 변별해 주는 도구가 될 수 있으며, 이로써 임상집단에의 적용가능성을 보여주고 있다고 할 수 있다.

4. 요 약

연구Ⅱ에서는 연구문제 2 한국판 ISP의 4개의 요인은 Kohut이 말하는 자기애의 두 가지 노선의 특성을 측정하는 공인 타당성을 갖는가를 확인하는 것이었다. 타당화를 위해, 외현적 자기애 척도 NPI, 내현적 자기애 척도 CNS, 우울, 자존감, 공감과의 상관을 분석하였고, 한국판 ISP의 요인분화 가능성을 더 확인하기 위해서 자기애적 상처척도(NIS)에 대해서 탐색적 요인분석을 실시한 후 요인을 확인하고, NIS의 하위 요인과 상관을 분석하였다. 그리고 재검사신뢰도와 교차타당도, 집단변별타당도를 확인하였다.

다른 척도들 및 변인들과의 관계를 탐색하여 한국판 ISP의 타당도를 확인한 결과, 4가지 하위 차원 모두에서 적절한 타당도가 검증되었다. NPI는 HGS와 상관이 있었다. CNS는 DGS와 DIPI와 상관이 높게 나타났다. 자존감은 HGS와 상관이 있었고, 우울은 방어적 차원(DGS, DIPI)과 상관이 있었으며, 공감은 HIPI와 상관이 있었다. 외현적 자기애를 측정하는 NPI는 자존감과 상관이 있었으며, 내현적 자기애를 측정하는 CNS는 우울과 상관이 있는 것으로 나타났고, 공감과의 관계를 살펴보면 NPI, CNS는 각각 전자는 공감과 상관이 거의 없고($r = .052$), 후자는 낮은 부적 상관($r = -.190$)을 나타냈다. 그러므로 ISP는 그것의 구인에서 자기애의 건강한 측면을 포함하고 있다는 것을 알 수 있으며 NPI, CNS와는 다른 특성의 자기애를 측정하고 있는 도구라는 것이 확인되었다. ISP요인의 분화가능성을 탐색하고자 NIS와의 관계를 살펴본 결과는 NIS의 하위 요인 중 실패감 / 무시감은 자기애의 방어적 차원

(DGS, DIPI)과 매우 높은 정도의 정적 상관을 나타냈고 건강성 차원(HGS, HIPI)과는 부적 상관을 나타냈다. 우월감 / 인정욕구는 자기애의 건강성 차원과 방어성 차원 모두에서 정적 상관을 나타냈다. 방임은 자기애의 건강성 차원(HGS, HIPI)과 부적 상관을 나타냈다. 자신과 타인에 대한 과도한 요구는 DGS와 상관이 있었다. 그러므로 ISP의 4요인 모두는 적절한 공인타당도가 검증되었다. 본 검사를 통해 2, 3주 간격의 검사 – 재검사신뢰도 결과는 HGS, DGS, HIPI, DIPI는 각각 $r=.92, .71, .91, .78$로 나타나서 $r=.71,$ $-.92$의 범위에 해당하는 재검사신뢰도를 확인하였고 검사 – 재검사신뢰도 전체계수는 $r=.94$를 보여주었다. 일반화 가능성을 위해 교차타당도를 검증한 결과, 다른 집단에서도 일반화할 수 있음을 확인하였다.

연구문제 3 한국판 ISP가 임상집단에 적용이 가능할 것인가를 검증하기 위해 본 검사의 피험자 중에서 무선적으로 표집한 일반집단(n=49)과 임상집단(n=37)을 대상으로 집단변별타당도를 검증한 결과 적절한 타당도가 확인되었다. 이는 임상집단과 일반집단 간에는 ISP의 점수에 있어서 차이가 있을 것이라는 가설을 지지하는 결과를 나타냄으로써 임상집단에서 적용이 가능한 도구임을 시사한다.

Ⅴ. 종합논의

여기에서는 ISP의 타당화 연구과정에서 나타난 결과들에 대해 보다 구체적인 탐색을 해보고, 본 연구의 결과를 선행연구들과 관련지어 논의하면 다음과 같다.

첫째, 한국판 ISP는 신뢰도를 적절히 갖춘 도구로 검증되었다. 검사-재검사신뢰도가 HGS HIPI, DGS, DIPI에서 각각 Chronbach α =.89, .75, .84, .81로 나타났고, 전체 Chronbach α =.87을 나타냈는데, Slyter(1989)는 전체 Chronbach α =.73을 나타낸 것에 비해 더 높은 정도의 신뢰도를 갖추고 있었다. 본 연구에서 ISP의 검사-재검사신뢰도는 r =.94를 보여주었고, 이 또한 Slyter(1989)의 2주 간격의 재검사신뢰도 r =.76보다 더 높은 정도로 신뢰도를 확보하여 높은 수준의 신뢰도를 확보한 것으로 나타났다.

둘째, 한국판 ISP는 4요인으로 구성된 3차원 위계구조를 가진 모형으로 검증되었다. Slyter(1989)는 ISP를 개발하면서, 자신의 논문에서 탐색적 요인분석만을 실시한 이유를 두 가지로 언급하였다. 하나는 도구의 개발이 초기 단계라는 것이었고, 다른 하나는 다차원적으로 설계되었던 측정에서 여러 요인들에 관하여 명백한 가설을 가질 수 없기 때문이라는 것이었다. 즉 자기애가 두 가지 발달노선을 따라 발달한다는 Kohut의 자기애 개념에 대해 측정을 통해 몇 개의 하위 요인이 타당화가 될지 확신을 할 수 없었던 것으로 보인다. 오히려 두 노선에서 건강한 자기애와 방어적 자기애의 두 요인으로 묶일지, 네 가지 요인들이 네 가지 하위 척도로 병행이 되는지 혹은 네 가지 이상의 요인이 묶일지에 대한 명백한 가설을 세울 수가 없다(Slyter, 1989)고 하였는데, 본 연구에서는 이를 경쟁모형들을 통해 검증하였다. ISP는 3차원 자기애에 대한 2차원 요인들의 회귀계수는 과대자기가 1.04, 이상화된 부모원상이

.62로 과대자기 요인이 자기애 구인에 대해 설명력을 더 많이 가진다는 것을 확인할 수 있었다. 2차 요인들에 대한 1차 요인들의 회귀계수는 .18에서 −.78로 나타났다. 과대자기 축에 대해서 설명력을 더 확보하고 있으나, 자기애는 과대자기 축과 이상화된 부모원상 축이라는 두 가지 축을 따라 발달하며 과대자기 축의 하위 차원으로 건강한 과대자기, 방어적 과대자기, 이상화된 부모원상 축의 하위 차원으로 건강한 이상화된 부모원상, 방어적 이상화된 부모원상의 하위 차원이 있는 4요인의 3차원 위계구조가 가장 적합한 측정모형으로서 지지되는 연구결과를 나타낸 것이며, 이는 ISP개발자인 Slyter(1989)의 연구결과에서 탐색적 요인분석만을 통해 요인을 확인하였으나, 본 연구를 통해서는 요인의 구조모형을 확인하여 이를 더욱 확고하게 해주는 결과를 보여준 것이라고 할 수 있다.

셋째, 한국판 ISP는 NPI와의 관련성을 보면, ISP의 건강한 과대자기와 NPI는 가장 관련(r = .44)이 깊은 것으로 나타났고, NPI의 하위 척도 중 리더십 / 자신감이 건강한 과대자기와 가장 관련(r = .41)이 있었다. 이는 Slyter(1989)의 연구결과와 일치하는 결과(r = .39)보다 더 높은 관련성을 나타낸 결과이다. NPI의 하위 차원 중 우월의식은 건강한 과대자기와 정적 상관(r = .29)을 나타냈는데, 이는 Slyter(1989) 연구에서 보여준 NPI와 건강한 과대자기와의 유의미한 정적 관련성, 방어적 이상화된 부모원상과 유의미한 부적 관련성과 일치하는 결과를 보여준다. 본 연구에서는 NPI가 건강한 이상화된 부모원상과도 유의미한 관계가 있는 것으로 나타났는데, 이는 Slyter(1989)의 결과와는 불일치하는 것이었다. 본 연구에서는 ISP의 네 가지 하위 차원 중에서 건강한 요인 간의 상관이 높았던 것, 즉 ISP의 건강한 차원의 요인(HGS, HIPI) 간에 분화가 덜 되었던 것에 기인하지 않았나 생각된다. 그러나 전체적으로 NPI는 Slyter(1989)의 연구결과와 유사하게 이상화된 부모원상보다는 과대자기 척도와 더 깊은 관련이 있는 것으로 나타났다고 할 수 있다. 그러므로 측정학적 측면에서 볼 때, NPI는 Kohut이 말한 자기애의 이중 축 가운데 과대자기의 축의 측정에 더 가깝다고 할 수 있다.

넷째, 한국판 ISP는 CNS와의 관련성을 보면, ISP의 방어성 차원(DGS, DIPI)과 매우 높은 관련성을 가진 것으로 나타났고 건강성 차원 중 HGS와 더 높은 부적 상관을 보였고, DGS와 모든 하위 척도에서 높은 정도의 유의미한 정적 상관이 있었다. CNS의 하위 요인 중 과민 / 취약성, 소심 / 자신감 부족, 인정욕구 / 거대자기 환상은 특히 방어적 차원의 ISP와 매우 높은 정적 상관을 보였는데 이는 건강한 자기애를 갖지 못할 때, 자신감이 부족하고 소심하며 과민하고 비현실적인 자기상과 인정욕구를 나타낼 가능성을 시사한다고 할 수 있다. CNS의 하위 요인 중 목표불안정은 ISP의 방어적 차원(DIPI, DGS)과 매우 높은 상관을 보이고, 건강성 차원(HGS, HIPI)과는 매우 높은 부적 상관을 보이는데, 이는 Slyter(1989)의 연구결과와 일치하는 것이었다. 건강한 자기애를 가진 사람들은 안정된 목표를 가지는 것이 하나의 특성이라고 생각할 수 있다. 이로 보건대, CNS는 자기애의 부정적인 측면을 반영하고 있으며, 특히 방어적 이상화된 부모원상과 관련이 상대적으로 더 많고, 건강한 과대자기와는 상반되는 특성을 측정하고 있는 것으로 보인다.

다섯째, 한국판 ISP와 자존감과의 관계를 살펴보면, 자존감은 자기애의 건강한 차원 중 HGS와 더 높은 상관을 나타내었는데, 이는 ISP가 자기애의 구인에서 건강한 차원을 갖는다는 것을 확인한 결과이며, 건강한 자기애를 가진 사람은 자존감이 높을 것임을 시사한다. 또한 자기애의 방어적 차원은 자존감과 부적 상관을 나타내어 자존감이 낮으면 방어적 차원의 자기애가 높을 것으로 시사된다.

여섯째, 한국판 ISP는 공감과의 관련성에서 살펴보면, ISP의 건강성 차원(HIPI, HGS)과 정적 상관($r = .51$, $.40$)을 보이고, 특히 HIPI와 더욱 높은 관련을 보이므로, 이상화된 부모원상 축의 자기애 발달이 잘 이루어졌을 경우에 공감능력이 더욱 발달할 수 있음을 시사한다.

일곱째, 한국판 ISP는 우울과의 관련성에서 건강성 차원(HGS, HIPI)과는 부적 상관을 나타내어서 건강한 자기애를 가진 사람들은 우울이 낮거나 우울을 보이지 않을 가능성을 시사한다. 방어적 이상화된 부모원상이 가장 높은 정적 상관이 있었다. 많은 정동 중에 우울경향은 이상화된 부모원상의 발달노선에서의 취약성을 제안하고 있는데(Slyter, 1989), 이는 그러한 결과와 일치하는 것을 말해 준다.

여덟째, NPI, CNS와 자존감, 공감, 우울의 관계를 살펴보면, NPI는 자존감과 정적 상관을 보였고, 우울과는 부적 상관을 보이고, 공감과는 거의 관련성이 없는 것으로 나타났다. CNS는 자존감과 부적 상관을 보였고, 우울과는 정적 상관을 보였으며, 공감과 부적 상관을 보이고 있다. 외현적 자기애와 내현적 자기애의 특성을 가진 사람들은 적절한 정동을 조절하는 능력이 부족하여 외현적 자기애자들은 내적인 감수성들을 차단함으로써 감정을 통제하고, 다른 사람들과의 관계에서 무뎌지고 공감이 부족하고, 왜냐하

112

면 자신의 감정들과 적절한 관련성을 가지기 힘들고, 결과적으로 타인의 정서적 아픔과 관계할 수 없으며, 내현적 자기애의 특성을 가진 개인들은 감정에 압도당하는 경향이 있기 때문(Elbern, 2000)이라는 것과 일치하는 결과이다. 즉 ISP의 건강한 자기애의 측면을 가진 사람들은 공감능력이 있는 반면, NPI, CNS가 측정하는 특성과 공감능력과는 관련이 없는데, NPI와 ISP의 건강한 차원(HGS, HIPI)이 정적 상관이 있으면서도 공감과 관련된 측면에서 이러한 다른 특성을 보이는 것은 건강한 자기애가 시사하는 바가 매우 의미 있고 중요한 것이라고 생각한다. NPI가 DSM-Ⅲ에서 말하는 자기애적 증상들의 덜 병리적인 수준인 적응적 특성을 측정하기 위해서 고안되었다는 주장에 대해 NPI는 일반대학생 모집단에서 정상성격으로서의 자기애를 측정할 수도 있다(Slyter, 1989)는 것에 일치하는 결과라고 볼 수 있다. 그러므로 NPI는 덜 병리적인 측면을 측정하거나, 다소 적응적이라고 할 수 있는 특성을 측정하고 있는 것으로 시사된다.

아홉째, 한국판 ISP는 자기애적 상처척도(NIS)는 대체적으로 ISP의 건강성 차원(HGS, HIPI)과 부적 상관을 나타내고 방어적 차원과는 정적 상관을 나타내고 있다. NIS의 하위 요인 중 실패감／무시감은 방어성 차원과 매우 높은 관련성이 있으며, 하위 요인 중 방임은 ISP의 방어성 차원(DGS, DIPI)과 정적 상관($r=.24, .22$)이 있으나 오히려 건강한 차원(HGS, HIPI)과 더 높은 부적 상관($r=-.58, -.55$)을 보이는 것은 건강한 과대자기를 형성하는 데에 방임의 경험이 실패／무시감 요인보다도 더 저해가 되는 변인이 될 수 있다는 것을 시사한다. 이는 건강한 자기를 형성하는 데에 자기대상(selfobject)의 필요성을 시사하는 바라고 본다. NIS의 하위 요인 중 우월감 / 인정욕구는 건강성 차원과 방어적 차원 모두에서 유사하게 높은 정적 상관을 나타냈는데, 이는 건강한 특성을 가진 사람에게도 방어적 특성을 가진 사람에게도 우월하고 싶고, 인정받고 싶은 욕구는 보편적으로 있는 현상일 수 있다는 것을 시사한다. NIS의 하위요인 중에서 자신과 타인에 대한 과도한 요구는 방어적 과대자기 성향이 높을 수록 이 요인의 특성이 높아질 수 있다는 가능성을 시사하고 있다.

VI. 결론 및 제언

프로이드 시대에는 성이 억압되었던 사회로, 욕구의 억압으로 인해 갈등하는 인간상이었으나, 현대는 성 개방사회로서, 그러한 갈등보다는 결핍되고 대상허기(Object hunger) 상태에 있는 비극적 인간상을 Kohut은 말하고 있다. 즉 현대인들의 문제는 자기를 건강하게 지켜 줄 수 있는 대상의 결핍으로 인한 무기력과 우울을 지니고 있다고 Kohut은 상정했다. 무엇이 결핍되어 있는가? Kohut에 의하면 자기가 갖는 욕구들에 대한 좌절을 말한다. 이는 즉 자기대상욕구에 대한 좌절이다. 왜 어떠한 개인은 행복하게 자기 삶을 영위하고 창조와 열정을 가지고, 다른 사람에 대한 존중을 보이는 반면, 어떠한 사람은 자존감에서 문제를 겪으며, 공허감과 무기력감에 고통을 경험하는가?

Kohut은 자기애적 욕구가 적절히 충족되지 못할 때 개인은 이러한 어려움을 겪는다고 하였다. 그동안 부정적 이미지가 많았던 자기애는 인간이면 누구에게나 있는 것이고, 자기애적인 욕구들이 단계에 적합하게 충족되지 않으면 건강한 자기애를 갖기가 힘들다. 건강한 자기애는 대상사랑의 전조일 뿐 아니라, 개개인 삶의 핵심 목적들을 이끌어 가는 힘을 가지고 있다. 이에 대한 정당한 관심과 이를 돌보는 것은 현대인에게 매우 절실한 문제이며, 그것은 성숙한 인간성격의 기능에서 정상적이고, 절대적으로 중요한 것이라고 생각한다.

현재까지 국내에서 수행된 자기애에 관한 경험적 연구는 주로 NPI(Raskin & Terry, 1979, 1981)를 통해서 이루어졌다. 그 후 국내에서 자기애의 두 가지 유형 중 NPI와는 대조적으로 내현적 자기애를 측정하기 위한 도구(CNS; 강선희, 2001)가 개발되어 타당화되었다. 두 가지 자기애 측정도구는 전자는 DSM－Ⅳ에서 서술된 자기애적 증상의 특성 중 덜 병리적인 특성을, 후자는 자기애의 부정적인 특성을 측정하고 있다. 그 후 자기애에 대하여 순기능적 역할이 있다는 것과 긍정적인 특성에 관심을 갖는 연구들이 있었으나, 마땅히 Kohut이론을 바탕으로 자기애의 긍정적 측면을 포함하여 다차원적으로 측정한 도구는 없었다.

Kohut은 자기애에 대해 병리적이거나 방어적인 특성은 발달정지의 산물이라고 보고 자기애 자체에 대한 가치를 이동시키고 긍정적인 자기애에 대한 중요성을 강조하였다. 이에 Slyter(1989)는 Kohut의 이론을 지지하면서도 다차원적이고, 이론을 조망할 수 있는 폭넓은 범위의 자기애의 측정도구(ISP; Inventory of Self Psychology)를 개발하여, 이를 타당화하였다. 본 연구는 이러한 ISP의 한국적 타당화에 목적을 두고, 다요인의 차원을 경쟁적 구조모형들을 통해 확인하고, 타당화를 위해 다른 자기애 측정도구들 및 자존감, 공감, 우울과의 관련성을 탐색하고, 더 나아가 요인의 분화가능성을 탐색하기 위해 자기애적 상처와의 관련성을 탐색하고자 하였다.

1. 본 연구의 의의

본 연구의 의의를 요약하면 다음과 같다.

첫째, ISP를 통해 Kohut이 말하는 자기 및 자기애에 대해서 측정 가능한 이론적 구인들로 개념화하였다. 그동안 종종 Kohut의 이론적 접근에 대한 연구들이 있을지라도 자기애를 측정할 때는 기존에 타당화가 되어 있는 NPI를 주로 사용하였다. 이는 분명 이론과 측정에 대한 불일치인데, 한국판 ISP가 개발됨으로써 이론과 측정에 대한 일관성을 가지고 추후에 연구를 할 수 있는 가능성을 제공하고 있다.

둘째, 자기애의 구인에는 건강한 차원이 있음을 확인하였다. DSM-Ⅳ에서 말하는 자기애적인 성격의 경향자에 대한 특성을 측정하고 있는 NPI는 개인의 특성을 측정했을 때, 그런 성향이 높은가, 낮은가를 파악할 수 있을 것이다. 이에 비해 자기애의 부정적 특성이 강한 CNS는 내현적 자기애의 성향이 높으면 내현적 자기애자의 특성을 가졌다고 말할 수 있으며, 그 성향이 낮다면 그러한 특성이 적다고 볼 수 있는 데에 그치고 건강한 차원 자체에 대한 내용을 확인할 수는 없었다. 그러나 ISP는 방어적 차원뿐만 아니라 자기애의 건강한 차원의 특성으로 포함되는 현실적인 목표를 향한 자기 주장적 노력, 창조, 열정, 자기-확신, 공감, 내적 긴장 조절능력, 이상발달과 같은 내용들의 특성들을 탐색해 봄으로써 개인을 이해할 때 폭넓은 영역을 제공하고 있고, 건강한 자기애에 대한 관심을 불러일으킬 수 있다.

셋째, 자기애 구인에 대한 다차원적 접근을 통해 개념화된 자기애의 이론적 틀을 경험적으로 확인하였다. NPI, CNS는 그러한 특성이 높은지, 낮은지를 단선적으로 파악하게 해주는 반면, ISP는 예로 건강한 과대자기가 높으면서도 방어적 과대자기도 높은 개인이 있을 가능성, 4가지 요인의 조합에 따라 다양한 특성의 사람들을 이해하고 파악이 가능한 틀을 마련할 수 있을 것으로 보인다. 그렇다면 나아가 이러한 개인이 어떻게 차이를 보이는지 이해하고 탐색해 볼 수도 있을 것이다.

넷째, 자기애는 4가지 요인으로 구성된 3차원 위계모형임을 제시하였다. 본 연구의 결과는 네 개의 자기애 하위 차원들이 평면적으로 병행이 되는 구조가 아니라 자기애가 두 가지 발달노선을 가지며 그 두 노선을 중심으로 건강한 차원과 방어적 차원이 있어서 과대자기 축 안에서 건강한 차원과 방어적 차원이 있고, 이상화된 부모원상 축에서 건강한 차원과 방어적 차원이 있다는 Kohut의 자기애 개념모형을 검증, 지지함으로써 3차원 위계구조를 통해서 설명될 수 있음을 제시하고 있다.

다섯째, 한국판 ISP는 상담 및 임상집단에서 이 도구를 사용하는 데에서 잠재적으로 유용한 가치를 가질 수 있다. ISP 하위 차원 모두에서 일반집단과 임상집단 간에 유의미한 점수의 차이를 보여주었다. 임상집단을 분별하는 데에도 활용할 수 있고, 그들을 진단하고, 치료계획을 세우는 데에도 유용한 정보를 줄 수 있을 것이다.

여섯째, 자기심리학적인 임상적 접근에 대해서 상담자들에게 Kohut이론에 대한 윤곽을 파악하는 데에 유용한 정보를 줄 수 있다. Kohut은 자기애와 관련하여 독보적인 인물이다. 그러나 이제까지 우리에게 소개된 Kohut의 이론은 매우 제한적이고 축소된 것이었다. '자기애' 하면 측정이 NPI를 위주로 이루어졌기 때문에 이를 통해서는 Kohut이론의 풍부함과 포괄성을 이해할 수 없을 뿐만이 아니라, NPI는 Kohut의 자기애 개념과는 다른 특성을 측정하고 있어서 Kohut이 말한 자기애에 대한 오해의 소지마저 있었다. 이에 한국판 ISP는 Kohut의 이론을 이해하고 파악하기 쉽게 해주고, 내담자를 이해하는 틀과 치료목표에 대한 준거가능성을 제공해 준다.

일곱째, 건강한 자기를 형성하기 위한 자기대상욕구(selfobject need)에 관심을 갖게 한다. Kohut은 자기애를 기초로 해서 인간관계의 중요성과 소중함을 매우 깊이 있게 통찰하고 있다. 개인이

120

안정되고 생산적이며 활기찬 삶을 위해서는 그의 삶 전반을 통해서 자기대상욕구—반영 받고자 하는 욕구(mirroring need), 이상화 욕구(idealizing need), 쌍둥이 욕구(twinship need)—가 계속해서 충족되어야 한다는 것이다(Siegel, 1996). 이러한 자기가 갖는 욕구에 대해 관심을 갖게 함으로써 서로에게 자기대상이 되어 줄 수 있는 이해의 틀을 제공하며, 건강한 자기형성에 고무적인 역할을 할 수 있을 것이다.

여덟째, 상담에서 전이에 대한 새로운 이해를 가능하게 한다. Freud는 자기애적인 성격의 소유자는 리비도가 자기에 집중되어 있기 때문에 전이를 일으키지 않는다고 하였다. 그러나 Kohut은 임상현장에서 오히려 강력한 전이를 일으킨다고 하였다. 이를 초기에 자기애적 전이라 하였으나 후에 자기대상 전이라고 불렀다. 자기애적 전이에 대한 발견은 Kohut의 뛰어난 관찰이라고 보인다. Kohut(1979)은 Mr. Z라는 사례를 두 번에 걸쳐서 분석하면서, 처음에는 Freud의 욕동모델로 접근하였고, 종결 후 다시 찾아왔을 때, 두 번째는 자신의 이론으로 내담자를 임상 장면에서 만나면서 이루어진 관찰을 통해 분석하여 자신의 이론의 우위성을 증명하였다. 그러면서 여러 사례를 통해 전이의 유형을 관찰, 분류하여 거울전이, 이상화전이를 발견, 설명하였다. 이러한 전이의 유형에 따라 사람들에게 상담 장면에서 어떻게 치료적인 접근을 해야 하는지를 상세하게 설명하고 있다. Brems(1997)는 임상 장면에서 이들은 편재하는(ubiquitous) 활용으로 다루어지고 있다고 한 만큼, 상담에서 관심과 이해가 필요한 부분이라고 생각되는데, 한국판 ISP는 Kohut의 이론의 윤곽을 그릴 수 있게 한다. 예로 이상화된 부모원상의 축 중 방어적 측면에서 높은 점수를 받은 사람들에 대해

서는 이상화전이의 현상이 더 두드러질 것이라는 예측이 가능하도
록 도울 수 있는 가능성을 제공해 준다.

아홉째, 공감에 대한 더 깊은 이해와 필요성을 이끌어 낸다.
Rogers는 상담에서 공감이 차지하는 중요성을 누구보다도 강조한
사람이고, 공감은 상담과 인간관계에서 관계형성과 치료에 필수
불가결한 요소로서 인식되어 있다. Kohut의 이론에서 공감은 심리
적 산소에 비유되었다. 공감 받지 못한 자기는 그러므로 어찌 보
면 살아 있지 못한 자기이다. 공감 받은 자기는 생명력을 가질 수
있으나 그렇지 못한 자기는 시들어 가는 자기라고 할 수 있다. 공
감을 심리적 자료를 얻을 수 있는 방법이며 치료의 기술(Kohut,
1959)로서 중요하게 다루었다.

2. 본 연구의 제한점

위의 내용과 같은 의의를 갖는 한국판 ISP는 다음과 같은 제한
점이 있다.

첫째, 자기애와 관련된 다른 정동들에 대해서 관련성을 보지 못
했다. Slyter(1989)는 요인분석을 실시하면서, 추가적으로 일부 개
인들이 수치감이나 당황감에 더 점유되어 있거나 혹은 우울감이나
격노감에 더 점유되어 있는 것을 관찰하였다. Slyter(1989)는 개인
들이 대면하지 못한 욕구들이 인정에 대한 소망과 관련된 정동은
수치 혹은 당황감이었고, 중요한 사람을 향해 완벽해지고 싶은 소
망과 일치하는 개인의 대면하지 못한 욕구들은 우울이나 격노라는
정동과 더 관련이 있다고 언급하였는데, 이는 Kohut의 이론과 일

치하는 언급이었다. 즉 과대자기의 축은 수치, 당황감과 더 관련되어 있고, 우울이나 격노는 이상화된 부모원상 축과 더 관련이 있을 수 있다는 이론적 가정인데, 본 연구에서는 우울에 대해서만 자기의 이중 축과 관련성을 보았는데, 그 결과는 우울은 이론과 일치되는 방향으로 이상화된 부모원상 축의 방어적 차원과 더 많은 관련이 있었다. 그러므로 다른 변인들과 자기애의 두 축과의 관련성을 탐색하는 것이 필요하다.

둘째, 표준화 과정까지 연구에 포함시키지 않았다. 한국판 ISP는 네 가지 하위 요인 모두에서 적절한 타당화가 검증되었으나, 표준화 연구까지는 이르지 못했다. 이로써 점수들이 의미하는 바에 대한 정확한 준거를 갖기가 어렵고 추정으로써 정도를 짐작하는 수준에 머무르고 있다.

셋째, ISP는 Kohut이 말한 자기애의 형태와 변형의 5가지 특성—창조성, 공감, 유한성의 수용, 유머, 지혜—모두를 직접적으로 측정하고 있지 않다. Kohut(1966)은 '자기애의 형태와 변형'에서 초기의 자기애가 성숙되면 위의 다섯 가지 특성을 갖는다고 하였다. 창의성은 주변환경과 놀이를 할 수 있는 아이 같은 상상력을 지닌 것이며, 심리적으로 주변환경과 덜 분리되는 경향이 있고, 창의적인 사람은 자신의 일에까지 이상화를 확장한다 하였다. 공감에 대해서는 타인의 감정에 대한 첫 인식은 세계가 자신의 확장이라는 생각에서 온다고 하였다. 유한성의 수용은 죽을 운명이라는 것과 전능하지 않으며 영원하지 않다는 것을 인정하는 자세를 통해서 일어난다고 하였다. 유머는 방어적 과대감과 의기양양한 모습과는 구별되는 고요한 내면의 승리감을 담고 있는 유머라고 했고, 지혜는 인생과 세계에 대한 안정된 태도가 포함된 일종의 혼합물이라고 하였다. 한국판 ISP는 자기애의 변형인 이러한 특성을 직접 측정하고 있지는 않다.

3. 후속 연구를 위한 제언

첫째, 분노 및 적대감, 불안 등의 다른 정동과의 관련연구가 추후에 필요하다. 우리나라는 더욱이 수치심에 대해서 더욱 관련이 깊은 문화라고 할 수 있는데, 수치나 당황감이 과대자기, 이상화된 부모원상 축과 경험적으로 어떠한 관련이 있는지, 또 우울이나 격노가 과대자기, 이상화된 부모원상 축과 경험적으로 어떠한 관련이 있는지 연구가 이루어진다면 우리나라에서 이러한 정동과 과대자기, 이상화된 부모원상 축의 발달과 어떠한 관련이 있는지 탐색이 가능하리라 생각한다. 또한 위에서 말한 정동뿐 아니라 다른 기타 변인들이 자기애와 어떠한 관련을 가지는지에 대한 추후의 연구는 Kohut이론에 대한 적용점을 찾는 데에 유익하리라고 생각한다.

둘째, 도구에 대한 표준화 연구도 바람직하다고 생각한다.

ISP는 네 가지 하위 차원 모두에서 적절한 타당화가 이루어졌고 구조모형을 확인함으로써 요인구조의 안정성도 얻었다. 만약에 표준화 연구가 이루어진다면, 실제현장에서 점수에 대한 규준으로 인해, 진단이나 치료계획, 치료의 목표설정에도 도움을 실제적으로 줄 수 있을 것이라고 생각한다. 또한 건강한 자기애의 측면에 대해서도 자신의 상대적인 위치를 파악하고, 건강한 자기애를 형성해야 하는 관심을 불러일으킬 수 있으리라고 생각한다.

　세째, 상담에서 건강한 자기애에 대한 주제를 다루는 것은 더 많은 호소력을 가질 것으로 생각된다. 상담동기를 유발하거나, 개인이 자기에 대한 관심을 고취시키기 위해 건강한 자기애에 대해 조명해 주는 강연이나 집단상담 프로그램은 도움을 필요로 하는 대상자들에게 관심과 동기를 더 많이 갖도록 해줄 수 있으리라 생각한다.

　넷째, 청소년연령에 맞는 도구를 개발하는 것이 필요하다. 이는 청소년들이 건강한 자기애에 대한 관심을 갖는 데에 큰 자극이 될 것으로 보인다. 한국판 ISP는 20세 이상을 대상으로 한 성인에게 적용한 도구이다. 자기의 공고화는 청소년기에 이르러 절정을 이루고 또한 그 이전의 증상이나 문제들이 드러나기 쉬운 시기이다. 그러므로 청소년연령에 해당하는 도구를 개발한다면, 자신의 소중함에 대해서 깊이 관심을 가지는 계기를 마련하고, 이를 기초로 자신의 방어적 차원에 대해서도 주체적으로 대처하며, 청소년들이 현실적인 목표를 설정하고 노력을 해야 할 시기에 건강한 자기애를 이해하고, 주도적으로 자신의 자기애에 대한 발달을 고취시킬 수 있는 단초를 마련할 수 있으리라 생각한다.

　다섯째, 과대자기 축의 발달과 이상화된 부모원상 축의 발달에 기여하는 변인들을 탐색하는 연구들이 필요하다. 이를 위해, 자기애의 두 가지 축이 잘 발달되어 기능을 하는 개인들의 기준을 설정하거나, 두 가지 축 중 하나 혹은 모두에서 심한 손상으로 취약한 개인들을 대상으로 그들에 대한 사례연구와 면담 등을 통해서 그들에게 영향을 준 변인들을 탐색하거나, 질문지를 통한 탐색 등은 경험적으로 건강한 자기애와 방어적 자기애를 형성하는 기제와 변인을 확인할 수 있도록 도울 것이다. 이는 곧 건강한 자기애 형성을 위해 부모를 돕거나 임상현장에서의 치료기술로도 연결될 수 있다고 본다.

여섯째, 과대자기 축과 이상화 축의 발달과 관련된 내용으로 학령 전 아동의 부모를 대상으로 하는 부모교육 프로그램을 개발하는 것은 바람직하다고 생각한다. Kohut 및 많은 대상관계이론가들은 Freud가 오이디푸스시기의 중요성을 강조한 이론에 더 나아가서 자기의 형성이 이미 전 오이디푸스시기에 거의 형성된다고 하였다(Kohut, 1971; Mahler, 1975; Stern, 1985). Kohut도 이미 그 자신의 이론에서 전 오이디푸스시기에 해당하는 0~3세의 중요성에 대해 언급하면서, 이상화된 부모원상 축에서 일어나는 손상을 시기별로 세 가지 유형으로 제시한 바 있다. 가장 초기는 긴장조절, 최적의 자극과 같은 모성 기능이 결핍되어 중독에 빠지는 경우, 중간 시기는 욕동을 통제하고 중립화하는 기본구조를 형성하지 못한 사람들로 성적인 행동의 형태로 표현되고, 세 번째 시기는 오이디푸스시기와 잠재기 초기에 생긴 결핍과 상처들로서, 외부의 이상적인 대상을 끊임없이 추구하고, 충분히 이상화가 이루어지면 자신의 초자아가 제공해 줄 수 있는 인정과 지도력을 갖추지 못해 외부대상에게서 인정과 지도력을 얻고자 한다고 하였다. 예로 이상화된 부모원상 축에서 이러한 발달이 이루어지는 시기에 대한 중요성을 감안할 때, 학령 전 아동기를 위한 세분화된 부모교육 프로그램을 구성하여 부모들에게 제공한다면 개인의 그 이후의 발달과 건강에 미치는 영향력은 매우 크고 많은 잠재적 가능성을 그 안에 담고 있을 수 있다고 생각된다.

참고문헌

강선희(2001). 내현적 자기애 척도의 개발 및 타당화 연구. 가톨릭대학교 대학원 석사학위논문.

강은영(2001). 자기주도적 자기애 및 타인의존적 자기애와 심리적 특성과의 관계. 가톨릭대학교 대학원 석사학위논문.

강일선(2005). 자기애와 자기개념의 명확성이 분노에 미치는 영향. 연세대학교 대학원 석사학위논문.

권명수 역(2002). 하인즈 코헛과 자기심리학. 한국심리치료연구소. Siegal, A.(1996). *Heinz Kohut and the psychology of the self.* Brunner. – Roultledge

권영란(2002). 자기애적 성향자의 대인관계와 우울에 관한 연구. 연세대학교 교육대학원 석사학위논문.

김계령(1997). 자기애적 성격과 자녀가 지각한 부모의 양육태도의 관계. 고려대학교 대학원 석사학위논문.

김윤주(1991). 자기애적 성격과 자기복합성의 관련성에 대한 연구. 고려대학교 대학원 석사학위논문.

김은영(1996). 대학생의 나르시시즘 성향과 지각된 부모의 양육태도와의 관계. 이화여자대학교 대학원 석사학위논문.

김정문(2004). 자기애 성향의 순기능과 역기능. 한양대학교 대학원 석사학위논문.

김지연(1998). 자기애적 성격 특성과 대인관계 유형 및 대인관계 적절성 간의 관계. 전북대학교 대학원 석사학위논문.

김해정(2004). 외모 관리: 자기애적 성격성향과 신체. 이화여자대학교 대학원 석사학위논문.

박정민(1998). 비행청소년의 나르시시즘. 지배성, 공격성 간의 관계. 이화여자대학교 대학원 석사학위논문.

성태제(2002). 문항제작 및 분석의 이론과 실제. 서울 :학지사.

송인섭(1998). 지능의 위계 구조 분석 연구. 교육 심리 연구, 12(2), 219–268.

송인섭(2005). SSPS / PC 분석방법을 포함한 통계학의 이해. 서울: 학지사.

송인섭(2005). 자아개념검사의 구인타당화 연구. 교육평가연구, 18(3), 75–96.

신경일(1994). 상담자교육을 위한 공감 훈련 프로그램의 개발과 적용. 부산대학교 대학원 박사학위논문.

원호택, 이훈진 (1997). 편집성향 집단의 자기개념과 귀인양식. 한국 심리학회: 임상, 16(2), 173–182.

이순묵, 이봉건 공역(1995). 설문. 시험. 검사의 제작 및 사용을 위한 표준. 서울: 학지사.

이순묵(2000). 요인분석의 기초. 서울: 교육과학사

이영호(1993). 귀인양식, 생활사건, 사건귀인 및 무망감과 우울의 관계: 공변량 구조모형을 통한 분석. 서울대학교 대학원 박사학위논문.

이현수(1997). 한국판 아이젱크 성격검사 실시 요강. 서울 : 학지사.

임진수 역(2005). 정신분석사전. 장 라플랑슈. 장베르트랑 퐁탈리스 공저. 다이엘 라가슈 감수. 열린책들. Jean Laplanche et J.-B.Pontlas(1967). Vocabulaire De La Psychanalyse. Presses Universitaires de France.

정남운(2001a). 과민성 자기애 척도 타당화 연구. 한국심리학회지: 상담 및 심리치료. 13(1), 193–216.

정남운(2001b). 자기애적 성격검사의 요인구조와 아이젱크 성격차원 및 자존감과의 관계. 한국심리학회지: 상담 및 심리치료. 13(2). 221–237.

탁진국(1997). 심리검사―개발과 평가방법의 이해― 서울: 학지사

차타순(2001). 자기애적 성격성향자의 심리적 특성과 비행성향에 관한 연구. 동아대학교 대학원 박사학위논문.

최영안(2002). 상담장면의 활용가능성 탐색을 위한 한국판 Millon 다축 임상 검사의 재표준화 기초연구. 숙명여자대학교 대학원 박사학위논문.

한국심리학회(2002). 심리검사 제작 및 사용 지침서. 서울: 중앙적성출판사.

한수정(1999). 자기애적 성격성향자의 외현적, 내현적 자기관련 인지 특성. 서울대학교 대학원 석사학위논문.

한혜림(2004). 자기애가 사회불안에 미치는 영향: 수치심 경향을 매개변인으로. 연세대학교 대학원 석사학위논문.

홍세희(2000). 구조방정식 모형의 기초. 워크샵 교재. Department of Educational Psychology of California, Santa Barbara.

홍세희(2002). 구조 방정식 모형의 적합도 지수 선정기준과 그 근거. 한국심리학회지: 임상, 19(1), 161 – 177.

홍세희(2004). 교육학 연구에 구조방정식 모형의 적용, 한국교육평가학회 WORKSHOP 교재.

황순택(1995). 전형성 평정에 의한 성격장애 진단준거 개발. 연세대학교 대학원 박사학위논문.

Akhtar, S., & Thompson, J. A.(1982). Overview: narcissistic personality disorder. *American Journal of Psychiatry, 139,* 12 – 20.

Akhtar, S.(1989). Kohut and Kernberg; A critical comparison, *Self psychology comparison and contraats.* (Ed) Detrick, D.W. & Detrick, S. P. The Analytic Press.

American Psychiatric Association(1980). *Diagnostic and statistical manual of mental disorders(3rd ed).* Washington DC: Author.

American Psychiatric Association(1994). *Diagnostic and statistical manual of mental disorders(4th ed).* Washington DC: Author.

Ashby, H., Lee, R., & Duke, E.(1979). A Narcissistic personality behavior

MMPI scale. *Presented at the American Psychological Association,* New York, September.

Auerbach, J. S.(1984). Validation of two scales for narcissistic personality disorder. *Journal of Personality Assessment, 48,* 649 − 653.

Bacal, H. A.(1995). The Essence of Kohut's work and the progress of self psychology. *psychoanalytic Dialogues,* 5: 353 - 366.

Basch, M. F.(1995). Kohut's contribution. *Psychoanalytic Dialogues,* 5, 367-373..

Beck, A. T., Ward, C. H. Mendelson, M., Mock, J.E., & Erbaugh, J. K. (1961). An inventory for measuring depression. *Archives of General Psychiatry, 4,* 561 - 571..

Bentler, P. M., & Bonett, D.(1980). Significance tests and goodness of fit in the analysis of covariance structure. *Psychological Bulletin, 88,* 588 - 606.

Beren, P.(1998). *Narcissistic disorders in children and adoloscents −diagnosis and adolescents.* New Jersey, London: Jason Aronson Inc.

Bertram J. Cohler.(1980). *Developmental perspective on the psychology of the self in early childhood.* (Ed.), A Goldberg. New York: International Universities. Press, 69 − 115.

Biscard, D. L.(1984). The relationships between a measure of narcissistic traits and defensive style, machiavellianism, and empathy. *Psychological Reports, 57,* 354.

Brems, C.(1991). Self psychology and feminism: Integration and expansion. *American Journal of Psychoanlysis, 51,* 245 - 160.

Brems. C.(1997). Development of the self psychology questionnaire. *Clinical Psychology and Psychotherapy, 4(1),* 7-14.

Bremas, C. & Rosich, R.(1995). Self psychology and schema theory:

overlap and relationships. *Paper Presented at the 75th Annual Convention of the Western Psychological Association,* Los Angeles, *March.*

Campbell, D. P., & Hansen, J. C.(1981). *Manual for the SVIB – SCII; Strong – Campbell interest inventory T325(merged form).* Stanford, CA: Stanford University Press.

Chessick, R. D.(1985). *Psychology of the self and the treatment of narcissism.* Northvale, New Jersey, London: Jason Aronson Inc.

Clair, M..(2004). *Object relations and self psychology – An Introduction. 4th edtion.* CA: Brooks / Cole.

Clair, M. & Wigren J.(2004). *Object relations and self psychology. An introduction, (4th ed)* Tomson Brooks / Cole.

Cocks, G(Ed.).(1994). *The curve of life. Correspondence of Heinz Kohut.* Chicago and London: The University of Chicago Press.

Coen, S. J.(1981). Notes on the concepts of selfobject and preoedipal object. *Journal of the American Psychoanalytic Association, 29,* 395 – 411.

Consolini, G. MSW.(1999). Kernberg versus Kohut: A(Case) study in contrasts. *Clinical Social Work Journal. 27(1), Spring.*

Cooper, J. & Maxwell, N(Ed.)(1995). *Narcissistic wounds.* New Jersey, London: Jason Aronson Inc.

Crown, D. P., & & Marlowe, D.(1960). A new scale of social desirability independent of psychopathology. *Journal of Consulting Psychology, 24,* 349 – 354.

Dare, C. & Holder, A.(1981). Developmental aspects of the interaction between narcissism, self – Esteem and object relations. *The International Journal of Psychoanalsis, 62,* 323 – 337.

Davis, M. H.(1980). A multidimensional approach to individual differences in empathy. *JSAS. Catalog of Selected Documents in Psychology, 10, 85.*

Derick, D. W. & Detrick, S. P.(Eds.).(1989). *Self psychology comparison and contrasts.* Hillsdale, New Jersey: The Analytic Press.

Elbern, A. M.(2000). *Relationship of early narcissistic injury to later vulnerability, negative affect, and anger.* A Dessertation Presented to The Faculty in the Graduate school University of Missouri at Columbia., Columbia. USA.

Elson, M.(1986). *Self psychology clinical social work.* New York, London: W. W. Norton & Company.

Elson, M.(Eds.)(1987). *The Kohut seminars. —on self psychology & psychotherapy with adolescents and young adults.* New York & London: W. W. Norton & Company.

Emmons, R.(1981). Relationship between narcissism and sensation seeking. *Psychological Reports, 48,* 247 − 250.

Emmons, R. A.(1984). Factor analysis and construct validity of the narcissistic personality inventory. *Journal of Personality Assessment, 48,* 291 − 300.

Emmons, R. A.(1987). Narcissism: Theory and measurment. *Journal of Personality and Social Psychology, 52,* 11 − 17.

Ernest S. Wolf.(1980). On the developmental line of selfobject relations, (Ed.), A. Goldberg. New York: International Universities Press, Inc, 117 − 130.

Eysenck, H. J., & Eysenck, S. B. G.(1991) *Manual for the eysenk personality scales.* London: Hodder & Stroughton.

Fonagy, P.(2001). *Attachment theory and psychoanalysis.* Others Press New York.

Freud, S.(1913). The disposition to obsessional neurosis. Standard edition, 12, 311 − 326. London: Hogarth Press, (1958).

Freud, S.(1957). *On narcissism: An introduction.* in J. Strachey (Ed.& Trans.), The standard edition of the complete psychological works of Sigmund Freud(14, 69－102). London: Hogarth Press.(Original work published, 1914).

Goldberg, A. (Ed.).(1978). *The psychology of self: A casebook.* New York: International Universities Press, Inc.

Goldberg, A. (Ed.).(1980). *Advances in self psychology.* New York: International Universities Press, Inc.

Goldberg, A.(1989), *A Fresh look at psychoanalysis: The view from self psychology.* Hillsdale, New Jersey: The Analytic Press.

Goldman, G. F.(1991). *Kohut's theory of narcissism: Its relationship to adolescent drug abuse, and to change and retention over the course of treatment.* Doctoral dissertation. University of Maryland, College Park. Maryland. USA.

Goldman, G. F. & Gelso, C. J.(1997). Kohut's theory of narcissism and adolescent drug abuse treatment, *Psychoanalytic Psychology., 14,* 81－94.

Gordon Lynch.(1998). The application of self－psychology to short counselling, *Psychodynamic counselling 4.4 November.*

Hartman, H.(1964). *Comments on the psychoanalytic theory of the ego. In Essays on ego psychology.* New York: International University Press.

Hedin, H. M., & Cheek, J. M.(1997). Assessing hypersensitivity narcissism: A reexamination of Murray's narcissism Scale. *Journal of Research in Personality, 31,* 588－599.

In－Sub Song.(1982). *The dimensionality and relationships between home environment, self－concept and academic achievement.* A thesis submitted in fulfilment of the requirements for the degree of Doctor of Philosophy of the University of the

134

New England. Australia.

Jackson Helene. (Ed).(1993). *Using self psychology in psychotherapy.* Northvale, New Jersey :Jason Aronson Inc.

Johnson, S. M.(1987). *Humanizing the narcissistic style.* New York London: W. W. Norton & Company.

Kernberg, O. (1975). *Borderline conditions and pathological narcissism.* New York: Jason Aronson.

Kernis, M. H., & Sun, C. R. (1994). Narcissism and reactions to interpersonal correlates of narcissism in adolescents. *Journal of Counseling and Development, 73,* 204 – 210.

Kohut, H.(1959). Introspection, empathy, and psychoanalysis – an examination of the relationship between mode observation and theory, *Journal of American Psychoanalytic Association, 7,* 459 – 483.

Kohut, H.(1960). Kohut's unpublished course P. 200, 300, *"Psycho –analytic psychology"* (Ed.), P.Seitz, in Kohut Archives Located at the Chicago Institute for Psychoanalysis.

Kohut, H. & Seitz, P.(1963).'Concepts and theories of psychoanalysis, in P. Ornstein (Ed.). *The search for the self, vol. 1,* 337 – 74. New York: International Universities Press, 1978.

Kohut, H.(1966). Forms and transformations of narcissism. *Journal of the American Psychoanalytic Association, 14,* 243 – 272.

Kohut, H.(1968). The psychoanlytic treatment of narcissistic personality disorders – Outline of a systematic approach. *The Psychoanalytic Study of Child., 23,* 86 – 113.

Kohut, H.(1971). *The analysis of the self; A systematic approach to the psychoanalytic treatment of narcissistic personality disorders.* New York: International University Press.

Kohut, H.(1971). 자기의 분석 [*The analysis of the self :* New

York: Interantional Universities Press.*]. (이재훈 역, 1999). 서울: 한국심리치료연구소*

Kohut, H.(1972). Thoughts on narcissism and narcissistic rage. *The Psychoanalytic Study of the Child., 27,* 360 – 400.

Kohut, H.(1977). *The restoration of the self.* New York: International Universities Press, Inc.

Kohut, H & Ernest S. Wolf.(1978). The disorder of the self and their treatment: An outline. *The International Journal of Psychoanalysis, 59,* 413 – 425.

Kohut, H.(1979). The two analysis of Mr Z. *The International Journal of Psychoanalysis, 60,* 3 – 27.

Kohut, H.(1980). Reflections on advances in self psychology. (Ed.), A. Goldberg. *Advances In Self Psychology.* New York: International Universities Press.

Kohut, H.(1980). From a letter to one of the participants at Chicago conference on the psychology for the self. In A. Goldberg(Ed.), *Advances in self psychology* 449 – 456. New York: International Universities Press.

Kohut, H.(1982). Introspection, empathy, and the semi – circle of mental health. *The International Journal of Psychoanalysis., 63,* 395 – 407.

Kohut, H.(1984). *How does analysis cure?.* (Ed.) Arnold Goldberg, with the collaboration of Paul Stepansky. Chicago and London: The University of Chicago Press.

Kristein, R. D.(1993). *Heinz Kohut's nuclear self: a self psychology / spiritual model of maturity.* Graduate Theological Union. USA.

Lapan, R., & Patton, M.(1986). Self – psychology and the adolescent process: Measures of pseudoautomy and peer – group dependence.

Journal of Counseling Psychology, 33, 136－142.

Lachman, F. M. & Stolorow, R. D.(1976). Idealization and grandiosity: Developmental considerations and treatment implications. *Psychoanalytic Quarterly, 45,* 565－587.

Laplanche, J & Pontlas, J. B. (1967). 정신분석사전. [Vocabularie De La Psychanalse. : Presses Universitaires de France]. (임진수 역, 2005). 서울: 열린책들.

Laplanche, J. & Kohut, H(1970). Discussion of the self: Contribution to its place in theory and technique. *The International Journal of Psychoanalysis., 51,* 175－181.

Lasch, C.(1979). *Culture of narcissism.* Warner Books.

Lee, Ronald R.(1999). An infant's experience as a selfobject. *American Journal of Psychotherapy., 53(2).*

Levin, J. D.(1992). *Theories of the self.* Washinton DC: Hemisphere Publishing Corporation.

Leff, J. R.(1995). *Narcissistic displacement in childbearing.* Cooper, J. & Maxwell, N.(Eds). Northvale, New Sersey: Jason Aronson Inc.

Lichenberg, J. D.(1991). What is a selfobject?, *Psychoanalytic Dialogues, 1,* 455－480.

Lynch, G.(1998). The application of self－psychology short－term counseling. *Psychodynamic counseling 4.4 November.*

Mahler, M. S., Pine, F., & Bergman, A.(1975). *The psychological birth of the human infant: Symbiosis and Individuation.* New York: Basic Books.

Masterson, J. F.(1981). *The narcissistic and borderline disorders: An integrated developmental approach.* New York: Brunner －Mazel.

Masterson, J. F.(1993). *The emerging self: A developmental self,* and object relations approach to the treatment of the closet narcissistic disorder of the self. New York: Brunner / Mazel.

Mario Jacoby, Zollikon.(1981). Reflections on Heinz Kohut's concept of narcissism, *Journal of Analytical Psychology,* 26, 19 – 32.

Masterson, J. F.(1981). *The Narcissism and borderline disorders: an integrated developmental approach.* New York: Brunner / Mazel.

Masterson. J. F.(2000). *The personality disorders: A new look at the development self and object relationship approach,* Zeig, Tucker & Co., Inc.

Miller, A.(1981). *Prisoners of childhood.* (R. Ward, Trans.) New York: Basic Books.

Miller, M. (1982). Interest pattern structure and personality characteristics of clients who seek career information. *The Vocational Guidance Quarterly, 31,* 28 – 35.

Miller, A.(1984). *Thou shalt not be aware.* New York: Farrar, Straus & Giroux.

Miller, A.(1985). *For your own good.* New York: Farrar, Straus & Giroux.

MillerⅢ, J. P.(1996). *Using Self Psychology In Child Psychotherapy – The Restoration of the Child,* Northvale, New Jersey: Jason Aronson Inc.

Millon, T.(1982). *Millon Clinical Multiaxial Inventory Manual*(2nd ed.) Minneapolis: National Computer Systems.

Mollon, P.(2003). *Releasing the self, The healing legacy of Heinz Kohut.* Whurr Publishers Ltd.

Moore, B. E. & Fine, B. D.(1990) 정신분석용어사전. [*Psychoanalytic terms & concepts :*The American Psychoanalytic Association].. (이재훈 역, 2002). 서울:한국심리치료연구소. The American

Psychoanalytic Association.

Morf, C. C., & Rhodewalk, F. (1993). Narcissism and self−evaluation maintenance: Exploration in object relations. *Personality and Social Psychology Bulletin, 19,* 668 − 676.

Morrel, A.(1993). Attention deficit disorder and its relationship to narcissistic pathology.; Beren, P.(Ed.),. *Narcissistic Disorders in Children and Adolescents: Diagnosis and Treatment.* Northvale, Ner Jersey: Jason Aronson Inc.

Morey, L. C., & Waugh, M. H. & Blashfield, R. K.(1985). MMPI Scales for DSM − Ⅲ personality disorders: their derivation and *correlates. Journal of Personality Assessment, 49,* 245 − 252.

Murray, H. A.(1938). *Explorations in personality.* New York: Oxford University Press.

Nathan Schwartz − Salant.(1982). Narcissism and character transformation. *− The psychology of narcissistic character disorders.* Toronto: Inner City Books.

Nunnally, J.(1978). *Psychometric theory.* New York: McGraw − Hill.

O'brien, M. L.(1987). Examining the dimensionality of pathological narcissism: Factor analysis and construct validity of the O'brien. multiphasic narcissism inventory. *Psychological Reports, 61,* 499 − 510.

Ohlde, C. D.(1979). Relationship between self − esteem and response style. *Journal of Counseling Psychology, 26,* 455 − 458.

Ornstein, P.(Ed.). (1978a). *The search for the self: Select writings of Heinz Kohut, 1950 − 1979.* (vol. 1). New York: International Universities Press. (Original work published 1959)

Ornstein, P.(Ed.). (1978b). *The search for the self* (vol.2). New York: International Universities Press. (original work published 1972)

Ornstein, P. H. & Ornstein, A.(1995). Some distinguishing features of Heinz Kohut's self psychology. *Psychoanalytic Dialogues.*

Osipow, S., Carney, C., & Barak,A.(1980). A scale of educational − vocational undecidedness: A typological approach. *Journal of Vocational Behavior, 9,* 233 − 243.

Patton, M., Connor, G., & Scott, K.(1982). Kohut's psychology of the self: Theory and measure of counseling outcome. *Journal of Counseling Psychology, 29,* 268 − 282.

Patton, M. J., & Robbins, S. B.(1982). Kohut's self − psychology as a model for college − student counseling. *Professional Psychology, 13,* 876 − 888.

Petri Meronen.(1999). The return of nacissism. Heinz Kohut in the context of the history of ideas. *International Forum Psychoanalysis, 8,* 211 − 220.

Phares, P. E., & Erskine, N.(1984). The measurement of selfism. *Educational and Psychological Measurement, 44,* 597 − 608.

Pozzi, M.(1995). *Early Problems in mother − child seperation as a basis for narcissistic disturbance;* (Ed). Cooper, J. & Maxwell, N. Northvale, New Jersey: Jason Aronson Inc.

Prifitera, A., & Ryan, J. J. (1984). Validity of the narcissistic personality inventory (NPI) in a Psychiatric Sample. *Journal of Clinical Psychology, 40,* 140 − 142.

Raskin, R. and Hall, C. S.(1979). A narcissistic personality inventory. *Psychological Reports, 45,* 590.

Raskin, R. N., & Hall, C.(1981). The narcissistic personality inventory: Alternate form reliability and further evidence of construct validity. *Journal of Personality Assessment, 45,* 159 − 162.

Raskin, R., Novacek, J., & Hogan, R. (1991a). Narcissism, self − esteem, and defensive self–enhancement. *Journal of Personality, 59,* 20–38.

Raskin, R., & Terry, H.(1988). A principal–component analysis of the narcissistic personality inventory and further evidence of its construct validity. *Journal of Personality and Social Psychology, 54,* 890–902.

Riland, D. James.(1994). *The impact of self–cohesion and selfobject loss on functioning in old age.* California School of Professional Psychology at Berkeley / Alameda. CA. USA.

Robbins, S. B. & Patton, M. J.(1985). Self psychology and career development: Construction of the superiority and goal Instability scales. *Journal of Counseling Psychology, 32,* 221–231.

Ronald N.(1999). Discussion of Petri's Meronen's paper, The return of narcissism: Heinz Kohut in the context of the history of ideas, *Int Forum Psychoanal 8,* 221–226

Rosenberg, M.(1965). *Society and the adolescent child.* Princeton: Princeton University Press.

Schmitt, N.(1978). Path analysis of multitrait–multimethod matrics, *Applied Psychological Measurment, 2,* 157–173.

Schwab, J. J., Bell, R. A., Warheit, G. J., & Schwab, R. S. (1979). *Social order and mental health.* New York: Brunner / Mazel.

Scott D. Snow.(1995). *Parental empathy, adolescent perception of being understood, and the self–system: A self psychology study.* A Dissertation Presented to The Faculty of The California School of Professional Psychology. CA. USA.

Siegal, A.(1996). *Heinz Kohut and the psychology of the self.* New York: Brunner. – Routledge

Seitz, R.(1999). *Kohut's FREUDIAN Vision. In collaboration with Heinz Kohut.* Hillsdale, New Jersey: The Analytic Press Inc.

Shane, M. & Shane, E.(1980). Psychoanalytic developmental theories of the self: An integration. In A. Goldberg (Ed.), *Advances in self psychology*(pp.23 – 46).New York: International Universities Press.

Silverstein, M. L.(1999). *Self psychology and diagnostic assessment: identifying selfobject functions through psychological testing.* Lawrence Erlbaum Associates, Publishers.

Slyter, S. L.(1989). *Kohut's psychology of the self: Measures of healthy and defensive narcissism.* doctoral dissertation, University of Maryland, College Park. Maryland. USA.

Slyter, S. L.(1991). *Narcissistic injury scale* (Rev. version). Unpublished instrument.

Solomon, R. S.(1982). Validity of the MMPI narcissistic personality disorder scale. *psychological Reports, 50,* 463 – 469.

Stanley J. Coen.(1981). Notes on the concepts of selfobject and preoedipal object, *Journal of the American Psychoanalytic Association, 29,* 395 – 411.

Stern, D.(1985). *The interpersonal world of the infant.* New York: Basic Books.

Stevens, M. J., Pfost, K. S., & Skelly, R. E.(1984). Understanding and counseling narcissistic clients. *Personnel and Guidance Journal, 62,* 383 – 387.

Stepansky, P. E. & Goldberg, A. (Eds.)(1984). *Kohut's legacy. contributions to self psychology.* Hillsdale, New Jersey: The Analytic Press.

Stern, D. N.(1985). *The interpersonal world of the infant.* New York: Basic Books.

Stern, D. N.(1989). The representation of relational patterns In A J Sameroff & R N Emde(Eds.), *Relationship Disturbances in early Childhood.* New York Basic Books

Steven, M. J., pfost, K. S., & Skelly, R. E.(1984). Understanding and counseling narcissistic clients. *Personnel and Guidance journal, 62,* 383 – 387.

Stolorow, R. D.(1980). *Developmental arrests: theory and treatment.* New York: International Universities Press.

Strozier, C. B.(2001). *Heinz Kohut. The making of a psychoanalysist.* Farrar, New York: Straus and Giroux.

Summers, F.(1994). 대상관계 이론과 정신병리학. [*Object relations theories and psychopathology – A comprehensive Text –* Hillsdale, New Jersey: The Analytic Press, Inc]. (이재훈 역, 2004). 서울:한국심리치료연구소.

Teicholz, J. G.(1978). A selective review of the psychoanalytic literature on theoretical conceptualization of narcissism. *Journal of the American Psychoanalytic Association, 26,* 831 – 859.

Tomkon, M., & Fine, H. J.(1985). Narcissism and borderline states: Kernberg, Kohut, and psychotherapy. *Psychoanalytic psychology, 2,* 221 – 239.

Tolpin, P. & Tolpin, M.(Eds)(1996). *The Chicago institute lectures.* by Kohut, H. Hillsdale, New Jersey : The Analytic Press.

Treuniet, N.(1980). On the relation between the concepts of self and ego in Kohut's psychology of the self. *The International journal of Psychoanalysis, 61,* 325 – 333.

Wallerstein, R. S.(1981). The bipolar self: Discussion of alternative perspectives. *Journal of the American Psychoanalytic Association, 29,* 377 – 394.

Watson, P. J., Taylor, D., & Morris, R. J.(1987). Narcissism, sex roles, and self – functioning. sex roles, 16(7 – 8), 335 – 350

White, M. T. & Weiner, M. B.(1986). *The theory and practice of self psychology.* New York: Brunner / Mazel Publishers.

Wilber, K.(1984). The developmental spectrum and psychopathology: Part Ⅱ. Treatment modalities. *Journal of Transpersonal psychology, 16,* 120 – 143.

Wilson, J. P., & Prabucki, K.(1983). Psychosocial antecedents of narcissistic personality syndrome. *Psychological Reports, 53,* 1231 – 1239.

Winnicott, D.(1965). *The maturational process and the facilitating environment.* New York: Basic Books.

Wink, P., & Gough, H. G.(1990). New narcissism scales for the California psychological inventory and MMPI. *Journal of Personality Assessment, 54,* 446 – 462.

Wink, P. (1991). Two faces of narcissism. *Journal of Personality and social Psychology, 61,* 590 – 597.

Werner, E. E.(2000). *Protective factors and individual resilience: Handbook of early childhood intervention.* 2nd Edition. Shonkoff, J.P. & Meisels, S. J. (Eds.). Cambridge University Press. 115 – 132.

Wolf, E. S. & Meyerw, S. J.(1981). The bipolar self. *Journal of the American Psychoanalytic Association, 29,* 143 – 159.

Wolf, E. S.(1988). Treating the self. *Elements of clinical self psychology.* New York London: The Guilford Press.

Wolfle, L. M.(1985). Postsecondary educational attainment among whites and blacks. *American Educational Research Journal, 22,* 501 – 525.

Wylie, R. C.(1961). *The self concept. Ⅰ.* . Lincoln & London: University of Nebraska Press.

Wylie, R. C.(1961). *The self concept. Ⅱ.* Lincoln & London:

University of Nebraska Press.

Zamostny, K. P., Slyter, S. L. & Rios, P.(1993). Narcissistic injury and its relationship to early truma, early resources, and adjustment to College. *Journal of Counseling Psychology, 40. no. 4.* 501 − 510.

부록1. ISP(Slyter, 1989) 80문항 영어원문

1. I have enthusiasm for people I admire.

2. I can ask for affection from others when I want it.

3. I usually feel I'm the initiator of the things I choose to do.

4. I have problems keeping up a sense of goal – directedness.

5. I've been manipulated by others and felt like "a puppet on a string".

6. I am aware of my needs and feelings, and the possibility of expressing them.

7. I like myself much more when I'm in love.

8. I feel tense most of the time.

9. I have a need to demonstrate my own superiority to others.

10. I must excel in everything I undertake, or I just won't attempt it.

11. I am enthusiastic about other people's achievements.

12. I can be understanding when others share their true feelings.

13. I tend to become cold and remote when I feel misunderstood or slighted by others.

14. I often feel I'm the "Superstar".

15. I tend to lose interest in my romantic partners as soon as I feel I an important to them.

16. I lack goals to strive for

17. I usually persist in creative efforts despite disappointments.

18. I may experience feelings of agonizing shame and painful nakedness when I feel that I am on display.
19. I can be enthusiastic about ideas which capture my interest.
20. If I disagree with someone I'm close to, that might threaten our relationship.
21. I eagerly pursue plans for accomplishing what I want to achieve.
22. I have had grandiose("pie in the sky")fantasies.
23. My creative and artistic interests have become more intense lately.
24. I can love myself as I really am.
25. I devote a lot of energy to projects that are personally appealing to me.
26. I feel calm.
27. I'm comfortable in giving praise where it's due.
28. I am special.
29. I have a clear sense of what I want, and I'm working towards accomplishing it
30. I secretly feel I am much better than most other people I know.
31. It is difficult for me to be firm with myself or others.
32. I have fantasies that include longing for a perfect friend or partner.
33. I strive for realistic goals.
34. I have a good sense of humor.

35. I have occasional fantasies of power and domination.

36. I can enjoy thinking about finishing school.

37. I feel empty inside.

38. I Know not only what I do not want but also what I want, and am able to express this, whether or not I will be accepted or rejected for it

39. I feel immobilized when important others are away.

40. I have respect for the good qualities in others.

41. When I get upset, I can calm myself down.

42. My self-esteem is quite vulnerable.

43. I tend to withdrawl and feel depressed when someone who is important to me leaves.

44. When I'm enthusiastic and excited, I do something that's creative.

45. My ambitions are usually realistic.

46. I feel constricted.

47. I complain of self-alienation and emptiness at times.

48. I see myself as being creative.

49. I can put myself in "other people's shoes' and accurately understand their experiences.

50. I tend to rely on others for confidence.

51. I lack energy to pursue my goals.

52. I like to help promote the interests of people I respect.

53. I can give myself approval.

54. I sometimes feel like I don't want to graduate.

55. I'm searching for someone I can really admire.

56. I tend to get embarrassed when I'm given a compliment.

57. I accept my limits(i. e., time constraints).

58. I have developed my own values.

59. I am overwhelmed by feelings when important relationships fall apart.

60. I show disdain(i,e., scorn, contempt).

61. when I have a creative interest in something I usually follow through and do something about it.

62. I can think about my own mortality.

63. Food sometimes makes me feel better when I feel stressed.

64. I am the most gifted person in my family.

65. I get a great deal of enjoyment out of my activities.

66. When someone I look up to disappoints me, I react by being critical or sarcastic.

67. I feel restless.

68. I can use my sense of disappointment over my failures and shortcomings to improve my performance.

69. I can be enthusiastic about my friends' achievements.

70. I have had daydreams in which I could see myself as perfect some day.

71. I sometimes feel a craving to fill an inner void.

72. I feel a sense of shame when I make a social blunder.

73. I have a lot of desire and energy to achieve my goals.

74. I am still searching for someone or something to believe in.

75. I experience joy in living up to my own values.

76. I accept my limitations(i.e., physical, mental and emotional).

77. I have a sense of really being alive.

78. People who are special to me are those people who are very good at satisfying my needs.

79. I am aware of missing a sense of direction in my life.

80. I am an enthusiastic person.

부록2. ISP(Slyter, 1989) 80문항 역번역본

1. I passionately like those who I respect.

2. I ask for love when I want it.

3. I normally feel that I am a leader in what I choose to do.

4. I have a hard time maintaining my goal-oriented sense.

5. I feel like being a puppet controlled by other people.

6. I realize my desires and emotions, and know I can express them.

7. I like myself better when I am in love.

8. I usually live my life in a tense state.

9. I want to show my superiority to others.

10. I must promote what I started, or I would'nt even start.

11. I feel passionately happy about others' accomplishments.

12. I can understand others when they share their true feelings.

13. I tend to get cold and estranged when I am neglect or misunderstood.

14. I often feel that I am a "super star."

15. When I feel that I am important to my boy / girl friend, I lose interest in him / her.

16. I don't have goals to pursue.

17. I don't give up easily when I put my efforts into something creative.

18. When I am revealed to people, I experience a terrible

humiliation and feel naked.

19. I can be passionate about the thoughts that catch my attention.

20. If I don't agree with someone close to me, it will threaten our relationship.

21. I do my best to achieve what I want.

22. I had an overestimated – principle(pie in the air) fantasy.

23. My artistic and creative interests got stronger recently.

24. I can love myself as I am.

25. I put a lot of energy into things I personally like to do.

26. I feel peaceful.

27. When I feel that it's appropriate, I can compliment others comfortably.

28. I am special.

29. I know exactly what I want, and I try my best to get it.

30. I secretively think that I am better than others.

31. It's hard for me to firm to others and myself.

32. I have fantasies including a desire for a perfect partner or friend.

33. I try to achieve my realistic goals.

34. I have a great sense of humor.

35. I something enjoy fantasizing about power and control.

36. I enjoy the thought of graduating.

37. I feel empty inside.

38. I know what I want and what I don't want, and I express

it whether it would be accepted or rejected.

39. I feel that I can't do anything when important people in my life are so far away.

40. I respect others' magnificent talents.

41. I can calm myself down when I am angry.

42. I don't have great self‑respect.

43. When someone close to me leaves, I withdraw myself and feel depressed.

44. I do something creative when I feel passionate and excited.

45. My ambitions are mostly realistic.

46. I feel cowered.

47. I something complain about emptiness and self‑alienation.

48. I think I am a creative person.

49. I can exactly understand other's experiences and put myself into their situations.

50. I tend to depend on others' for certainty.

51. I don't have enough energy to pursue my goals.

52. I would like to help those who I respect, with their impr‑ ovement in interest.

53. I can acknowledge myself.

54. I sometimes feel that I don't want to graduate.

55. I am looking for someone I can truly respect.

56. I tend to get embarrassed when I get compliments.

57. I accept my limits(i.e., time limit)

58. I developed my values.

59. I am overwhelmed by emotions when important relations are collapsed.

60. I express my contempt.

61. When I feel interested in something, I usually do it to see the fruitful ending.

62. I acknowledge the fact that I will die someday.

63. When I feel stressed out, food sometimes makes me feel better.

64. I am gifted with the most talents in my family.

65. I receive so much pleasure out of activities I do.

66. When I am disappointed in someone I respect, I react to it by getting critical or cold.

67. I feel fatigue.

68. I can improve myself by learning from my failures and flaws.

69. I can be happy with passion for my friends' accomlishments.

70. I have a dream about being a perfect being.

71. I feel eager to fill up the emptiness inside of me.

72. I feel humiliated when I make a big social mistake.

73. I have a lot of energy and ambitions to use to achieve my dreams.

74. I am still looking for those who I can trust.

75. I experience happiness from the fact that I follow my values.

76. I accept my limitations.(i.e., physically, mentally, and emotionally)

77. I have a sense that I am truly alive.

78. People who are important to me are ones that satisfy my desires.

79. I have no direction in my life.

80. I am a passionate person.

부록3. 한국판 ISP의 요인별 문항과 요인부하량

요인 1: 건강한 과대자기(HGS) — 18문항		
문항 번호	문항내용	요인 부하량
80.	나는 열정적인 사람이다.	.71
77.	나는 정말로 살아 있다는 느낌을 갖고 있다.	.69
73.	나는 나의 목표들을 이루는 데 사용할 수 있는 많은 욕망과 에너지를 갖고 있다.	.69
48.	나는 나 자신이 창조적인 사람이라고 본다.	.62
3.	나는 보통 내가 선택한 것들을 주도하는 사람이라고 느낀다.	.62
65.	나는 내가 하는 활동들을 통해 상당한 기쁨을 얻는다.	.61
28.	나는 특별하다.	.61
21.	나는 내가 원하는 것을 이루기 위한 계획들을 열심을 다해 추진한다.	.60
24.	나는 있는 그대로의 나 자신을 사랑할 수 있다.	.60
17.	나는 창조적인 노력을 할 때 실망될지라도 대체로 쉽게 포기하지 않는다.	.59
25.	나는 내가 개인적으로 좋아하는 일에 많은 에너지를 쏟아 붓는다.	.57
61.	내가 어떤 것에 흥미를 갖는다면, 나는 그것에 대해 보통 무언가를 끝까지 해낸다.	.57
6.	나 자신의 욕구들과 감정들을 자각하고, 표현할 수 있음을 인식하고 있다.	.55
38.	나는 내가 원하지 않는 것뿐 아니라 원하는 것을 알고 있고, 그것이 받아들여지건, 거부당하건 간에 표현할 수 있다.	.54
44.	나는 열정적이고 흥분될 때, 창조적인 뭔가를 한다.	.54
2.	나는 내가 원할 때 다른 사람에게 애정을 요구할 수 있다.	.53
33.	나는 현실적인 목표들을 이루려고 노력한다.	.52
68.	나는 나의 실패와 단점에 대한 실망감을 사용하여 나의 수행능력을 향상시킬 수 있다.	.45

156

요인 2: 방어적 과대자기(DGS) — 11문항		
문항 번호	문항내용	요인 부하량
46.	위축감을 느낀다.	.67
47.	나는 때때로 자기 – 소외감과 공허감을 호소한다.	.63
72.	사회적으로 큰 실수를 할 때 수치감을 느낀다.	.55
18.	내가 사람들에게 보인다고 느낄 때, 나는 끔찍스러운 수치심과 벌거벗었다는 고통스런 감정을 경험한다.	.54
22.	나는 과대주의적('그림의 떡') 환상을 가졌던 적이 있다.	.52
56.	나는 칭찬을 받을 때 당황하는 경향이 있다.	.51
51.	나의 목표를 추구하는 에너지가 부족하다.	.51
9.	나는 다른 사람들에게 우월성을 보여주고 싶어 한다.	.47
60.	나는 다른 사람들에게 경멸감을 나타낸다.(즉, 멸시, 모멸)	.46
42.	나의 자존감은 상당히 취약하다.	.45
70.	나는 언젠가 완벽한 존재가 되는 백일몽을 갖고 있다.	.44

문항 번호	문항내용	요인 부하량
요인 3: 건강한 이상화된 부모원상(HIPI) — 16문항		
75.	나는 내 자신의 가치관에 따라 삶을 살아가는 데서 기쁨을 경험한다.	.65
27.	나는 그럴 만하다고 느낄 때 칭찬하는 말을 편하게 할 수 있다.	.65
52.	내가 존경하는 사람들의 관심을 향상시키는 것을 돕고 싶다.	.59
19.	나의 흥미를 사로잡는 생각들에 대해 열정적이 될 수 있다.	.58
58.	나는 나 자신의 가치관을 발달시켰다.	.57
49.	나는 다른 사람들의 입장에 설 수 있고 그들의 경험을 정확하게 이해할 수 있다.	.57
40.	다른 사람들의 훌륭한 자질을 존경한다.	.57
29.	나는 내가 원하는 것에 대한 분명한 감각을 갖고 있고, 그것을 얻기 위해 노력하고 있다.	.57
12.	나는 다른 사람들이 그들의 진정한 감정을 나줄 때 그들을 따뜻하게 이해해 줄 수 있다.	.55
69.	나는 나의 친구들의 성취에 대해 열정적으로 기뻐할 수 있다.	.54
53.	나는 나 자신을 승인할 수 있다.	.52
1.	나는 내가 존경하는 사람들을 열정적으로 좋아한다.	.50
76.	나는 나의 한계점들을 수용한다. (예, 신체적, 정신적, 그리고 정서적)	.50
26.	평온함을 느낀다.	.49
11.	나는 다른 사람들의 성취에 대해 열정적으로 기뻐한다.	.42
41.	화가 났을 때, 나 자신을 진정시킬 수 있다.	.40

요인 4: 방어적 이상화된 부모원상(DIPI) — 16문항		
문항 번호	문항내용	요인 부하량
37.	공허한 내면을 느낀다.	.65
71.	때때로 내적 공허함을 채우려는 갈망을 느낀다.	.61
59.	나는 중요한 관계들이 와해될 때 감정에 압도된다.	.58
43.	나에게 중요한 누군가가 떠나갈 때 나는 철수하고 우울해지는 경향이 있다.	.57
79.	나는 나의 삶에서 방향감각을 잃고 있음을 알고 있다.	.56
39.	나는 나에게 중요한 사람들이 멀리 있을 때 아무것도 할 수 없다고 느낀다.	.54
32.	완벽한 파트너 혹은 완벽한 친구에 대한 갈망이 포함된 환상들을 가지고 있다.	.51
74.	나는 아직도 내가 믿을 만한 누군가를 혹은 무언가를 찾고 있다.	.50
50.	확신을 위해 다른 사람들을 의지하는 경향이 있다.	.47
16.	나는 추구할 만한 목표들을 갖고 있지 못하다.	.45
5.	나는 다른 사람들에 의해 조종당해온 꼭두각시처럼 느낀다.	.45
67.	피로감을 느낀다.	.44
20.	만약 내가 가까운 사람의 의견에 동의하지 않는다면, 그것은 그와의 관계를 위협할 것이다.	.43
66.	내가 존경하는 사람이 나를 실망시켰을 때, 나는 비판적이 되거나 냉소적이 되는 것으로 반응한다.	.43
4.	나는 목표지향적인 감각을 유지하는 데 어려움을 갖고 있다.	.43
54.	나는 때때로 졸업을 원치 않는 것처럼 느껴진다.	.42

부록4. 한국판 ISP의 요인별 문항

하위 요인	문항구성	문항 수
HGS	2, 3, 6, 17, 21, 24, 25, 28, 33, 38, 44, 48, 61, 65, 68, 73, 77, 80	18
DGS	9, 18, 22, 42, 46, 47, 51, 56, 60, 70, 72	11
HIPI	1, 11, 12, 19, 26, 27, 29, 40, 41, 49, 52, 53, 58, 69, 75, 76	16
DIPI	4, 5, 16, 20, 32, 37, 39, 43, 50, 54, 59, 66, 67, 71, 74, 79	16

- HGS(Healthy Grandiose Self)
- DGS(Defensive Grandiose Self)
- HIPI(Healthy Idealized Parent Image)
- DIPI(Defensive Idealized Parent Image)

부록5. 자기애적 상처척도(NIS)의 요인부하량

문 항	1	2	3	4	공통변량
b42	**.795**	.092	.131	.022	.659
b29	**.762**	.119	.132	−.006	.613
b34	**.740**	.319	.049	−.162	.677
b14	**.739**	.219	.057	−.061	.601
b43	**.704**	−.161	.196	.243	.619
b49	**.695**	−.069	.148	.141	.530
b19	**.693**	−.029	.155	.175	.536
b12	**.672**	−.006	.201	.228	.545
b21	**.663**	−.008	.118	.093	.462
b16	**.642**	.016	.215	.238	.515
b36	**.622**	−.250	.239	.327	.614
b45	**.603**	.390	.039	−.194	.555
b25	**.601**	−.089	.152	.387	.542
b18	**.588**	.223	−.012	.096	.404
b48	**.578**	−.026	.134	.099	.363
b33	**.562**	.157	.121	.090	.363
b13	**.559**	.105	.162	.103	.360
b41	**.537**	.244	.075	.132	.371
b24	**.520**	−.004	.063	.368	.410
b37	**.496**	.109	.184	.290	.376
b27	**.491**	.102	.096	.347	.381
b3	**.412**	−.359	.373	−.173	.467
b32	.228	**.722**	−.027	−.070	.579
b28	.169	**.706**	−.021	.053	.531
b15	.117	**.698**	.052	.115	.516
b6	.126	**.650**	−.099	−.091	.457

문 항	1	2	3	4	공통변량
b4	.009	**.524**	−.015	.178	.307
b2	−.039	**.519**	−.270	.125	.360
b17	.317	**.508**	−.008	.033	.359
b7	−.286	**.490**	−.300	.099	.421
b40	.126	−.007	**.853**	.044	.746
b47	.146	−.028	**.843**	.015	.732
b38	.128	−.068	**.813**	.095	.691
b26	.408	−.005	**.523**	.335	.553
b46	.356	−.233	**.510**	−.104	.452
b44	.151	−.388	**.477**	−.094	.410
b39	.415	−.022	**.440**	.365	.499
b50	.259	−.329	**.338**	−.141	.309
b10	.239	−.087	.055	**.586**	.411
b8	.249	.020	−.017	**.554**	.369
b11	.306	−.067	.402	**.549**	.560
b5	−.244	.224	−.066	**.515**	.379
b22	.134	.280	−.044	**.492**	.341
b23	.071	.428	−.056	**.466**	.409
b9	.211	.300	−.023	**.457**	.344
고유치	9.946	4.428	4.078	3.245	
설명변량	22.101	9.841	9.062	7.212	
누적변량	22.101	31.942	41.004	48.216	

부록6. 자기애적 상처척도(NIS) 요인별 문항

요인 1: 무시감 / 실패감 — 22문항		
문항번호	문항내용	요인 부하량
42.	나 자신에게서 소외감을 느낀다.	.80
29.	나는 무력감을 가지고 있다.	.76
34.	나는 때때로 자기–소외감과 공허감을 호소한다.	.74
14.	내적 공허감을 느낀다.	.74
43.	나는 무가치감을 느낀다.	.71
49.	나의 삶이 무의미하다는 느낌이 든다.	.70
19.	나는 무시당함을 느낀다.	.69
12.	나는 위축감을 느낀다.	.67
21.	나 자신의 감정과 소망들에 대해 확신감이 부족하다.	.66
16.	나는 내가 버림받았다는 느낌을 갖는다.	.64
36.	나 자신을 실패자라고 생각한다.	.62
45.	나는 때때로 우울을 겪는다.	.60
25.	나는 조롱과 빈정대는 느낌의 대우를 받는다.	.60
18.	상실감을 인내하는 것이 어렵다.	.59
48.	나는 진정한 감정에 대한 이해가 부족하다.	.58
33.	요구들이 너무 크다고 대개는 느끼지만 내가 그것을 변화시킬 수 는 없다.	.56
13.	나 자신의 이상적 이미지들에 맞는 생활을 이루지 못했다.	.56
41.	사랑을 상실할까 봐 두렵다.	.54
24.	내가 사람들에게 보인다고 느낄 때 수치심으로 괴로운 감정과 벌거숭이가 된 듯한 고통스런 감정을 경험한다.	.52
37.	나 자신의 정서적 반응들과 감정들을 부인하는 경향이 있다.	.50
27.	나는 부모님이 나에게 기대했던 것에 맞추어 생활하지 않는 점에 죄책감으로 고민한다.	.49
3.	나는 정말로 살아 있다는 느낌을 갖고 있다.	.41

* 역채점 문항 — 3

<table>
<tr><td colspan="3" align="center">요인 2: 우월성 / 인정욕구 — 8문항</td></tr>
<tr><td>문항번호</td><td>문항내용</td><td>요인
부하량</td></tr>
<tr><td>32.</td><td>나는 다른 사람들이 반응해 주기를 갈망한다.</td><td>.72</td></tr>
<tr><td>28.</td><td>나는 정말 주목받기를 바란다.</td><td>.71</td></tr>
<tr><td>15.</td><td>나는 다른 사람들에게 나의 우월성을 보여주고 싶어
한다.</td><td>.70</td></tr>
<tr><td>6.</td><td>나는 다른 사람들에게 이해받기를 갈망한다.</td><td>.65</td></tr>
<tr><td>4.</td><td>내 주변의 다른 사람들 혹은 사건들을 통제하고 싶어
하는 경험을 한다.</td><td>.52</td></tr>
<tr><td>2.</td><td>나는 어떻게 반응해야 할 지, 혹은 내가 가져야 할
감정이 무엇인지 내가 만드는 인상이 무엇인지 끊임
없이 나 자신에게 물어본다.</td><td>.52</td></tr>
<tr><td>17.</td><td>나는 과대주의적('그림의 떡') 환상을 가졌던 적이 있다.</td><td>.51</td></tr>
<tr><td>7.</td><td>나는 특별하다.</td><td>.49</td></tr>
</table>

<table>
<tr><td colspan="3" align="center">요인 3: 방임 — 8문항</td></tr>
<tr><td>문항번호</td><td>문항내용</td><td>요인
부하량</td></tr>
<tr><td>40.</td><td>부모님은 나를 이해하셨다.</td><td>.85</td></tr>
<tr><td>47.</td><td>부모님은 나의 감정들을 존중했다.</td><td>.84</td></tr>
<tr><td>38.</td><td>부모님은 있는 그대로의 나를 인격체로 인정하셨다.</td><td>.81</td></tr>
<tr><td>26.</td><td>부모님은 내가 느끼는 어떠한 분노의 표현도 부정적
으로 반응했다.</td><td>.52</td></tr>
<tr><td>46.</td><td>나는 있는 그대로의 나 자신을 사랑할 수 있다.</td><td>.51</td></tr>
<tr><td>44.</td><td>나 자신의 욕구들과 감정들을 자각하고, 표현할 수
있음을 인식하고 있다.</td><td>.48</td></tr>
<tr><td>39.</td><td>나는 정신적으로 감금되었음을 느끼며 살아왔다.</td><td>.44</td></tr>
<tr><td>50.</td><td>나는 나의 욕구가 무엇인지 분별할 수 있다.</td><td>.34</td></tr>
</table>

* 역채점 문항 — 38, 40, 44, 46, 47, 50

요인 4: 자신과 타인에 대한 과도한 요구 — 7 문항		
문항번호	문항내용	요인 부하량
10.	부모님의 사랑이 철수되거나 상실될 수 있기 때문에 부모님께 어떤 불만이나 실망을 비추면 안 된다.	.59
8.	부모님은 나를 항상 다른 형제보다 더 사랑해야만 했다.	.55
11.	부모님은 누구든지 약함을 보일 때마다 비평적이었다.	.55
5.	나는 내가 착수한 모든 것을 추진해야 한다. 그렇지 않으면 시도하지 않을 것이다.	.52
22.	사람들이 나를 항상 필요로 하기 때문에 나는 책임감에 눌린다.	.49
23.	나는 언제나 모범적이어야 하고 사람들이 기대하는 것 혹은 하는 것에 필요한 능력을 갖추어야 한다.	.47
9.	나 자신에게 과도한 요구를 하는 경향이 있다.	.46

부록7. 본 연구 설문지

지금 여러분이 받으신 설문지는 개인 각 사람이 자기(Self)에 대해서 어떠한 생각이나 느낌을 가지고 있는지를 알아보기 위해서 만들어진 것입니다.

응답의 결과는 개인을 평가하기 위한 것이 아니라 개인의 자기에 대한 연구의 기초자료로 활용될 것입니다.

따라서 응답자 개인의 비밀은 절대 보장될 것이며, 본 자료가 연구 이외의 다른 목적으로는 결코 사용되지 않을 것임을 약속드립니다.

다소의 시간을 요하더라도 문항을 잘 읽으신 후, 처음부터 끝까지 한 문장도 빠짐없이 솔직하게 응답해 주셔야 여러분의 귀중한 자료가 유실됨이 없이 연구의 목적을 이룰 수 있습니다.

감사합니다.

다음 해당란의 (　　　) 안에 ○표를 해 주세요.

1. 성　별: ①남 (　　　) ②여 (　　　)

2. 계　열: ① 인문계열 (　　　) ② 사회계열 (　　　)

　　　　　 ③ 정법계열 (　　　) ④ 자연계열 (　　　)

　　　　　 ⑤ 이공계열 (　　　) ⑥ 예체능계열 (　　　)

　　　　　 ⑦ 사범계열 (　　　) ⑧ 기　타 (　　　)

3. 전공만족도: ① 불만족 (　　　) ② 보　통 (　　　)

　　　　　　　 ③ 만　족 (　　　)

4. 학　년: ① 1학년 (　　　) ② 2학년 (　　　)

　　　　　 ③ 3학년 (　　　) ④ 4학년 (　　　)

　　　　　 ⑤ 대학원생 (　　　)

5. 나　이: ① 20세 이하 (　　　) ② 21세 (　　　)

　　　　　 ③ 22세 (　　　) ④ 23세 (　　　)

166

⑤ 24~26세 (   )   ⑥ 27~29세 (   )

⑦ 30세 이상(   )

6. 심리상담경험: ① 있다 (   )   ② 없다 (   )

★ 6번에 ① 있다에 ○표 한 경우에만 7번에 표기해 주세요.

7. 상담경험이 있다면: ① 1~4회 (   )

② 5~10회 (   )

③ 11~20회 (   )

④ 주1회 6개월 이상 (   )

아래에 제시된 문항들을 읽으면서 자기 자신에게 해당된다고 생각하는 정도에 따라 솔직한 응답으로 표기해 주시기 바랍니다.

<응답방법>

각 문항의 내용이 자신에게 가장 적합하다고 생각되거나 느껴지는 정도를 답안지의 6점 척도에 ○표 하여 주시기 바랍니다.

| 전적으로
나와 같지
않다. | 매우
나와 같지
않다. | 다소
나와 같지
않다. | 다소
나와 같다. | 매우
나와 같다. | 전적으로
나와 같다. |

1 ------ 2 ----- 3 ----- 4 ----- 5 ----- 6

Ⅰ. ISP

1. 나는 내가 존경하는 사람들을 열정적으로 좋아한다.	1 - 2 - 3 - 4 - 5 - 6
2. 내가 원할 때 다른 사람에게 애정을 요구할 수 있다.	1 - 2 - 3 - 4 - 5 - 6
3. 나는 보통 내가 선택한 것들을 주도하는 사람이라고 느낀다.	1 - 2 - 3 - 4 - 5 - 6
4. 나는 목표지향적인 감각을 유지하는 데 어려움을 갖고 있다.	1 - 2 - 3 - 4 - 5 - 6

5. 나는 다른 사람들에 의해 조종당해온 꼭두각시처럼 느낀다.	1 - 2 - 3 - 4 - 5 - 6
6. 나 자신의 욕구들과 감정들을 자각하고, 표현할 수 있음을 인식하고 있다.	1 - 2 - 3 - 4 - 5 - 6
7. 나는 사랑에 빠져 있는 나를 더 좋아한다.	1 - 2 - 3 - 4 - 5 - 6
8. 나는 거의 항상 긴장상태로 살고 있다.	1 - 2 - 3 - 4 - 5 - 6
9. 나는 다른 사람들에게 나의 우월성을 보여주고 싶어 한다.	1 - 2 - 3 - 4 - 5 - 6
10. 나는 내가 착수한 모든 것을 추진해야 한다. 그렇지 않으면 시도하지 않을 것이다.	1 - 2 - 3 - 4 - 5 - 6
11. 나는 다른 사람들의 성취에 대해 열정적으로 기뻐한다.	1 - 2 - 3 - 4 - 5 - 6
12. 나는 다른 사람들이 그들의 진정한 감정들을 나눌 때 그들을 따뜻하게 이해해 줄 수 있다.	1 - 2 - 3 - 4 - 5 - 6
13. 다른 사람들에게 오해받거나 소홀한 취급을 받았을 때 냉정해지는 경향이 있고 멀어지는 경향이 있다.	1 - 2 - 3 - 4 - 5 - 6
14. 내가 '슈퍼스타'라고 종종 느낀다.	1 - 2 - 3 - 4 - 5 - 6
15. 내가 이성친구에게 중요한 사람으로 느껴지면 그 이성에게서 곧 흥미를 잃어버린다.	1 - 2 - 3 - 4 - 5 - 6
16. 나는 추구할 만한 목표들을 갖고 있지 못하다.	1 - 2 - 3 - 4 - 5 - 6
17. 나는 창조적인 노력을 할 때 실망될지라도 대체로 쉽게 포기하지 않는다.	1 - 2 - 3 - 4 - 5 - 6
18. 내가 사람들에게 보인다고 느낄 때, 나는 끔찍스러운 수치심과 벌거벗었다는 고통스런 감정을 경험한다.	1 - 2 - 3 - 4 - 5 - 6
19. 나의 흥미를 사로잡는 생각들에 대해 열정적이 될 수 있다.	1 - 2 - 3 - 4 - 5 - 6
20. 만약 내가 가까운 사람의 의견에 동의하지 않는다면, 그것은 그와의 관계를 위협할 것이다.	1 - 2 - 3 - 4 - 5 - 6
21. 나는 내가 원하는 것을 이루기 위한 계획들을 열심을 다해 추진한다.	1 - 2 - 3 - 4 - 5 - 6

22. 나는 과대주의적('그림의 떡') 환상을 가졌던 적이 있다.	1 – 2 – 3 – 4 – 5 – 6
23. 창조적이고 예술적인 흥미들이 근래에 더 강해졌다.	1 – 2 – 3 – 4 – 5 – 6
24. 나는 있는 그대로의 나 자신을 사랑할 수 있다.	1 – 2 – 3 – 4 – 5 – 6
25. 나는 내가 개인적으로 좋아하는 일에 많은 에너지를 쏟아 붓는다.	1 – 2 – 3 – 4 – 5 – 6
26. 평온함을 느낀다.	1 – 2 – 3 – 4 – 5 – 6
27. 나는 그럴 만하다고 느낄 때 칭찬하는 말을 편하게 할 수 있다.	1 – 2 – 3 – 4 – 5 – 6
28. 나는 특별하다.	1 – 2 – 3 – 4 – 5 – 6
29. 나는 내가 원하는 것에 대한 분명한 감각을 갖고 있고, 그것을 얻기 위해 노력하고 있다.	1 – 2 – 3 – 4 – 5 – 6
30. 내가 알고 있는 다른 사람들보다 내가 더 낫다고 은밀하게 느낀다.	1 – 2 – 3 – 4 – 5 – 6
31. 나는 나 자신이나 다른 사람에게 단호한 태도를 갖는 것이 어렵다.	1 – 2 – 3 – 4 – 5 – 6
32. 완벽한 파트너 혹은 완벽한 친구에 대한 갈망이 포함된 환상들을 가지고 있다.	1 – 2 – 3 – 4 – 5 – 6
33. 나는 현실적인 목표들을 이루려고 노력한다.	1 – 2 – 3 – 4 – 5 – 6
34. 훌륭한 유머감각이 있다.	1 – 2 – 3 – 4 – 5 – 6
35. 나는 이따금씩 권력과 지배에 대한 환상을 즐긴다.	1 – 2 – 3 – 4 – 5 – 6
36. 학교를 졸업하는 것에 관한 생각을 즐길 수 있다.	1 – 2 – 3 – 4 – 5 – 6
37. 공허한 내면을 느낀다.	1 – 2 – 3 – 4 – 5 – 6
38. 나는 내가 원하지 않는 것뿐 아니라 원하는 것을 알고 있고, 그것이 받아들여지건, 거부당하건 간에 표현할 수 있다.	1 – 2 – 3 – 4 – 5 – 6
39. 나는 나에게 중요한 사람들이 멀리 있을 때 아무것도 할 수 없다고 느낀다.	1 – 2 – 3 – 4 – 5 – 6
40. 다른 사람들의 훌륭한 자질을 존경한다.	1 – 2 – 3 – 4 – 5 – 6
41. 화가 났을 때, 나 자신을 진정시킬 수 있다.	1 – 2 – 3 – 4 – 5 – 6

42. 나의 자존감은 상당히 취약하다.	1 - 2 - 3 - 4 - 5 - 6
43. 나에게 중요한 누군가가 떠나갈 때 나는 철수하고 우울해지는 경향이 있다.	1 - 2 - 3 - 4 - 5 - 6
44. 나는 열정적이고 흥분될 때, 창조적인 뭔가를 한다.	1 - 2 - 3 - 4 - 5 - 6
45. 나의 포부들은 보통 현실적이다.	1 - 2 - 3 - 4 - 5 - 6
46. 위축감을 느낀다.	1 - 2 - 3 - 4 - 5 - 6
47. 나는 때때로 자기 - 소외감과 공허감을 호소한다.	1 - 2 - 3 - 4 - 5 - 6
48. 나는 나 자신이 창조적인 사람이라고 본다.	1 - 2 - 3 - 4 - 5 - 6
49. 나는 다른 사람들의 입장에 설 수 있고 그들의 경험을 정확하게 이해할 수 있다.	1 - 2 - 3 - 4 - 5 - 6
50. 확신을 위해 다른 사람들을 의지하는 경향이 있다.	1 - 2 - 3 - 4 - 5 - 6
51. 나의 목표를 추구하는 에너지가 부족하다.	1 - 2 - 3 - 4 - 5 - 6
52. 내가 존경하는 사람들의 관심을 향상시키는 것을 돕고 싶다.	1 - 2 - 3 - 4 - 5 - 6
53. 나는 나 자신을 승인할 수 있다.	1 - 2 - 3 - 4 - 5 - 6
54. 나는 때때로 졸업을 원치 않는 것처럼 느껴진다.	1 - 2 - 3 - 4 - 5 - 6
55. 진정으로 존경할 수 있는 누군가를 찾고 있다.	1 - 2 - 3 - 4 - 5 - 6
56. 나는 칭찬을 받을 때 당황하는 경향이 있다.	1 - 2 - 3 - 4 - 5 - 6
57. 나의 한계들을 수용한다.(예, 시간제약)	1 - 2 - 3 - 4 - 5 - 6
58. 나는 나 자신의 가치관을 발달시켰다.	1 - 2 - 3 - 4 - 5 - 6
59. 나는 중요한 관계들이 와해될 때 감정에 압도된다.	1 - 2 - 3 - 4 - 5 - 6
60. 나는 다른 사람들에게 경멸감을 나타낸다.(즉, 멸시, 모멸)	1 - 2 - 3 - 4 - 5 - 6
61. 내가 어떤 것에 창조적인 흥미를 갖는다면, 나는 그것에 대해 보통 무언가를 끝까지 해낸다.	1 - 2 - 3 - 4 - 5 - 6
62. 나는 내가 죽을 수밖에 없다는 사실에 관해 생각할 수 있다.	1 - 2 - 3 - 4 - 5 - 6
63. 스트레스를 느낄 때 음식은 때때로 기분이 좋아지게 만든다.	1 - 2 - 3 - 4 - 5 - 6

64. 나는 나의 가족 중에서 가장 재능을 부여받은 사람이다.	1 – 2 – 3 – 4 – 5 – 6
65. 나는 내가 하는 활동들을 통해 상당한 기쁨을 얻는다.	1 – 2 – 3 – 4 – 5 – 6
66. 내가 존경하는 사람이 나를 실망시켰을 때, 나는 비판적이 되거나 냉소적이 되는 것으로 반응한다.	1 – 2 – 3 – 4 – 5 – 6
67. 피로감을 느낀다.	1 – 2 – 3 – 4 – 5 – 6
68. 나는 나의 실패와 단점에 대한 실망감을 사용하여 나의 수행능력을 향상시킬 수 있다.	1 – 2 – 3 – 4 – 5 – 6
69. 나는 나의 친구들의 성취에 대해 열정적으로 기뻐할 수 있다.	1 – 2 – 3 – 4 – 5 – 6
70. 나는 언젠가 완벽한 존재가 되는 백일몽을 갖고 있다.	1 – 2 – 3 – 4 – 5 – 6
71. 때때로 내적 공허함을 채우려는 갈망을 느낀다.	1 – 2 – 3 – 4 – 5 – 6
72. 사회적으로 큰 실수를 할 때 수치감을 느낀다.	1 – 2 – 3 – 4 – 5 – 6
73. 나는 나의 목표들을 이루는 데 사용할 수 있는 많은 욕망과 에너지를 갖고 있다.	1 – 2 – 3 – 4 – 5 – 6
74. 나는 아직도 내가 믿을 만한 누군가를 혹은 무언가를 찾고 있다.	1 – 2 – 3 – 4 – 5 – 6
75. 나는 내 자신의 가치관에 따라 삶을 살아가는 데서 기쁨을 경험한다.	1 – 2 – 3 – 4 – 5 – 6
76. 나는 나의 한계점들을 수용한다.(예, 신체적, 정신적 그리고 정서적)	1 – 2 – 3 – 4 – 5 – 6
77. 나는 정말로 살아 있다는 느낌을 갖고 있다.	1 – 2 – 3 – 4 – 5 – 6
78. 나에게 특별한 사람들은 나의 욕구를 잘 충족시켜주는 사람들이다.	1 – 2 – 3 – 4 – 5 – 6
79. 나는 나의 삶에서 방향감각을 잃고 있음을 알고 있다.	1 – 2 – 3 – 4 – 5 – 6
80. 나는 열정적인 사람이다.	1 – 2 – 3 – 4 – 5 – 6

Ⅱ. NIS

1. 나한테 중요한 사람들의 욕구를 알아차리는 뛰어난 능력이 있다.	1 - 2 - 3 - 4 - 5 - 6
2. 나는 어떻게 반응해야 할지, 혹은 내가 가져야 할 감정이 무엇인지 내가 만드는 인상이 무엇인지 끊임없이 나 자신에게 물어본다.	1 - 2 - 3 - 4 - 5 - 6
3. 나는 정말로 살아 있다는 느낌을 갖고 있다.	1 - 2 - 3 - 4 - 5 - 6
4. 내 주변의 다른 사람들 혹은 사건들을 통제하고 싶어 하는 경험을 한다.	1 - 2 - 3 - 4 - 5 - 6
5. 나는 내가 착수한 모든 것을 추진해야 한다. 그렇지 않으면 시도하지 않을 것이다.	1 - 2 - 3 - 4 - 5 - 6
6. 나는 다른 사람들에게 이해받기를 갈망한다.	1 - 2 - 3 - 4 - 5 - 6
7. 나는 특별하다.	1 - 2 - 3 - 4 - 5 - 6
8. 부모님은 나를 항상 다른 형제보다 더 사랑해야만 했다.	1 - 2 - 3 - 4 - 5 - 6
9. 나 자신에게 과도한 요구를 하는 경향이 있다.	1 - 2 - 3 - 4 - 5 - 6
10. 부모님의 사랑이 철수되거나 상실될 수 있기 때문에 부모님께 어떤 불만이나 실망을 비추면 안 된다.	1 - 2 - 3 - 4 - 5 - 6
11. 부모님은 누구든지 약함을 보일 때마다 비평적이었다.	1 - 2 - 3 - 4 - 5 - 6
12. 나는 위축감을 느낀다.	1 - 2 - 3 - 4 - 5 - 6
13. 나 자신의 이상적 이미지들에 맞는 생활을 이루지 못했다.	1 - 2 - 3 - 4 - 5 - 6
14. 내적 공허감을 느낀다.	1 - 2 - 3 - 4 - 5 - 6
15. 나는 다른 사람들에게 나의 우월성을 보여주고 싶어 한다.	1 - 2 - 3 - 4 - 5 - 6
16. 나는 내가 버림받았다는 느낌을 갖는다.	1 - 2 - 3 - 4 - 5 - 6
17. 나는 과대적주의적('그림의 떡') 환상을 가졌던 적이 있다.	1 - 2 - 3 - 4 - 5 - 6
18. 상실감을 인내하는 것이 어렵다.	1 - 2 - 3 - 4 - 5 - 6
19. 나는 무시당함을 느낀다.	1 - 2 - 3 - 4 - 5 - 6

20. 내가 어렸을 때와 비슷한 어린아이에게 동정심을 갖는다.	1 - 2 - 3 - 4 - 5 - 6
21. 나 자신의 감정과 소망들에 대해 확신감이 부족하다.	1 - 2 - 3 - 4 - 5 - 6
22. 사람들이 나를 항상 필요로 하기 때문에 나는 책임감에 눌린다.	1 - 2 - 3 - 4 - 5 - 6
23. 나는 언제나 모범적이어야 하고 사람들이 기대하는 것 혹은 하는 것에 필요한 능력을 갖추어야 한다.	1 - 2 - 3 - 4 - 5 - 6
24. 내가 사람들에게 보인다고 느낄 때 수치심으로 괴로운 감정과 벌거숭이가 된 듯한 고통스러운 감정을 경험한다.	1 - 2 - 3 - 4 - 5 - 6
25. 나는 조롱과 빈정대는 느낌의 대우를 받는다.	1 - 2 - 3 - 4 - 5 - 6
26. 부모님은 내가 느끼는 어떠한 분노의 표현도 부정적으로 반응했다.	1 - 2 - 3 - 4 - 5 - 6
27. 나는 부모님이 나에게 기대했던 것에 맞추어 생활하지 않는 점에 죄책감으로 고민한다.	1 - 2 - 3 - 4 - 5 - 6
28. 나는 정말 주목받기를 바란다.	1 - 2 - 3 - 4 - 5 - 6
29. 나는 무력감을 가지고 있다.	1 - 2 - 3 - 4 - 5 - 6
30. 느낌들이 이미 지나간 며칠 후에야 감정의 자각이 온다.	1 - 2 - 3 - 4 - 5 - 6
31. 나는 내가 원하지 않는 것뿐 아니라 원하는 것을 알고 있고, 그것이 받아들여지건, 거부당하건 간에 표현할 수 있다.	1 - 2 - 3 - 4 - 5 - 6
32. 다른 사람들이 반응해 주기를 갈망한다.	1 - 2 - 3 - 4 - 5 - 6
33. 요구들이 너무 크다고 대개는 느끼지만 내가 그것을 변화시킬 수는 없다.	1 - 2 - 3 - 4 - 5 - 6
34. 나는 때때로 자기-소외감과 공허감을 호소한다.	1 - 2 - 3 - 4 - 5 - 6
35. 어렸을 때, 나는 '모범적'이었었고, 불평도 하지 않고 조용하게 건디었다.	1 - 2 - 3 - 4 - 5 - 6
36. 나 자신을 실패자라고 생각한다.	1 - 2 - 3 - 4 - 5 - 6
37. 나 자신의 정서적 반응들과 감정들을 부인하는 경향이 있다.	1 - 2 - 3 - 4 - 5 - 6
38. 부모님은 있는 그대로의 나를 인격체로서 인정하셨다.	1 - 2 - 3 - 4 - 5 - 6

39. 나는 정신적으로 감금되었음을 느끼며 살아왔다.	1 - 2 - 3 - 4 - 5 - 6
40. 부모님은 나를 이해하셨다.	1 - 2 - 3 - 4 - 5 - 6
41. 사랑을 상실할까 봐 두렵다.	1 - 2 - 3 - 4 - 5 - 6
42. 나 자신에게서 소외감을 느낀다.	1 - 2 - 3 - 4 - 5 - 6
43. 나는 무가치감을 느낀다.	1 - 2 - 3 - 4 - 5 - 6
44. 나 자신의 욕구들과 감정들을 자각하고, 표현할 수 있음을 인식하고 있다.	1 - 2 - 3 - 4 - 5 - 6
45. 나는 때때로 우울을 겪는다.	1 - 2 - 3 - 4 - 5 - 6
46. 나는 있는 그대로의 나 자신을 사랑할 수 있다.	1 - 2 - 3 - 4 - 5 - 6
47. 부모님은 나의 감정들을 존중했다.	1 - 2 - 3 - 4 - 5 - 6
48. 나는 진정한 감정에 대한 이해가 부족하다.	1 - 2 - 3 - 4 - 5 - 6
49. 나의 삶이 무의미하다는 느낌이 든다.	1 - 2 - 3 - 4 - 5 - 6
50. 나는 나의 욕구가 무엇인지 분별할 수 있다.	1 - 2 - 3 - 4 - 5 - 6

III. 자존감 척도

1. 나는 내가 적어도 다른 사람만큼은 가치 있는 사람이라고 느낀다.	1 - 2 - 3 - 4 - 5 - 6
2. 나는 좋은 자질들을 많이 가지고 있는 것 같다.	1 - 2 - 3 - 4 - 5 - 6
3. 대체로 나는 내가 실패자라고 생각하는 경향이 있다.	1 - 2 - 3 - 4 - 5 - 6
4. 나는 대부분의 다른 사람들만큼 일을 잘할 수 있다.	1 - 2 - 3 - 4 - 5 - 6
5. 나는 자랑할 만한 것이 별로 없는 것 같다.	1 - 2 - 3 - 4 - 5 - 6
6. 나는 나 자신에 대해 긍정적인 태도를 가지고 있다.	1 - 2 - 3 - 4 - 5 - 6
7. 대체로 나 자신에 대해 만족하고 있다.	1 - 2 - 3 - 4 - 5 - 6
8. 나 자신을 좀더 존중할 수 있었으면 좋겠다.	1 - 2 - 3 - 4 - 5 - 6
9. 나는 때때로 내가 정말 쓸모없는 사람이라고 느낀다.	1 - 2 - 3 - 4 - 5 - 6
10. 때때로 나에게 좋은 점이라곤 전혀 없다는 생각이 든다.	1 - 2 - 3 - 4 - 5 - 6

174

Ⅳ. 공감척도

1. 나는 가끔 다른 사람의 관점에서 사물을 보는 것이 어렵다고 느낀다.	1 - 2 - 3 - 4 - 5 - 6
2. 나는 결정하기 전에 다른 사람들의 다양한 의견들을 알려고 노력한다.	1 - 2 - 3 - 4 - 5 - 6
3. 나는 나의 친구를 더 잘 이해하기 위해 그의 입장에 서면 사물들이 어떻게 보일까 생각해 보려고 노력하곤 한다.	1 - 2 - 3 - 4 - 5 - 6
4. 나는 모든 질문에는 두 가지 면이 있으며 그 두 가지 면을 모두 보려고 노력해야 한다고 믿는다.	1 - 2 - 3 - 4 - 5 - 6
5. 내가 어떤 사람에 대해 화가 났을 때 나는 잠시 동안이라도 그의 입장에 서 보려고 노력한다.	1 - 2 - 3 - 4 - 5 - 6
6. 어떤 사람을 비난하기 전에 나는 만약 내가 그의 입장이라면 어떨까 하는 생각을 해보려고 한다.	1 - 2 - 3 - 4 - 5 - 6

Ⅴ. CNS

1. 나는 다른 사람들의 눈치를 많이 살피는 편이다.	1 - 2 - 3 - 4 - 5 - 6
2. 나는 모든 사람이 나를 좋아하고 나에게 잘 대해 주기를 바란다.	1 - 2 - 3 - 4 - 5 - 6
3. 비판받았을 때, 나는 쉽게 굴욕감을 느낀다.	1 - 2 - 3 - 4 - 5 - 6
4. 나는 나를 좋아하는 사람들이 그 마음을 증명해 보이기 위해서 나를 위해 많은 돈을 쓰기를 바란다.	1 - 2 - 3 - 4 - 5 - 6
5. 많은 고민을 했지만, 아직도 인생의 목표에 대해서 갈피를 못 잡고 있다.	1 - 2 - 3 - 4 - 5 - 6
6. 나는 나를 내가 아닌 다른 어떤 유명한 사람처럼 그려보고 싶다.	1 - 2 - 3 - 4 - 5 - 6

7. 나는 다른 사람들의 존경을 받으려고 너무 애쓰는 것 같다.	1 – 2 – 3 – 4 – 5 – 6
8. 나는 가끔 남의 비평을 너무 심각하게 받아들인다.	1 – 2 – 3 – 4 – 5 – 6
9. 나는 다른 사람들이 부탁을 해 올 때에 때때로 짜증이 난다.	1 – 2 – 3 – 4 – 5 – 6
10. 가족들 중에는 내가 이기적이라고 말하는 사람이 있다.	1 – 2 – 3 – 4 – 5 – 6
11. 나에게 즐거운 일이라면 다른 사람에게 피해가 된다고 하더라도 포기하지 않는다.	1 – 2 – 3 – 4 – 5 – 6
12. 나는 다른 사람이 자기 문제로 와서 내 시간을 요구하거나 공감해 주기를 요구할 때, 말은 못해도 괴롭고 귀찮다.	1 – 2 – 3 – 4 – 5 – 6
13. 나는 내가 잘한 일에 대해서 다른 사람들이 알아주기를 바란다.	1 – 2 – 3 – 4 – 5 – 6
14. 나는 종종 다른 사람들에게 열등감을 느낀다.	1 – 2 – 3 – 4 – 5 – 6
15. 나에게 미래는 막연하고 불확실하게 보인다.	1 – 2 – 3 – 4 – 5 – 6
16. 속기보다 차라리 남을 속이는 것이 좋다.	1 – 2 – 3 – 4 – 5 – 6
17. 나는 내게 부족한 것(예를 들면, 외모나 돈, 혹은 능력 같은 것)을 가지고 있는 사람들을 보면 질투가 난다.	1 – 2 – 3 – 4 – 5 – 6
18. 때때로 나는 그렇게 하는 것이 필요한 경우에도 내 자신을 주장하지 못할 때가 있다.	1 – 2 – 3 – 4 – 5 – 6
19. 다른 사람들과 비교해 봤을 때, 내 인생은 남들보다 불행한 일이 더 많은 것 같다.	1 – 2 – 3 – 4 – 5 – 6
20. 내 삶의 목표는 비교적 명확하다.	1 – 2 – 3 – 4 – 5 – 6
21. 나는 겁이 많고 소심한 사람이다.	1 – 2 – 3 – 4 – 5 – 6
22. 다른 사람들과 똑같은 대접을 받아 자존심이 상했던 경우가 있다.	1 – 2 – 3 – 4 – 5 – 6
23. 나는 내가 하고 있는 일에서 진정한 즐거움을 찾지 못하고 있다.	1 – 2 – 3 – 4 – 5 – 6
24. 나는 여러 가지 일에 모두 뛰어나기를 바란다.	1 – 2 – 3 – 4 – 5 – 6
25. 사람들이 나의 결점을 알아차릴까 봐 자주 두렵다.	1 – 2 – 3 – 4 – 5 – 6
26. 내가 보잘것없는 존재로 느껴질 때가 있다.	1 – 2 – 3 – 4 – 5 – 6

27. 필요하다면 나는 내가 원하는 것을 얻기 위해 사람들을 교묘하게 이용할 것이다.	1 – 2 – 3 – 4 – 5 – 6
28. 나는 어떤 모임에 참석하든 항상 사람들 눈에 잘 띄지 않는 구석진 자리에 앉는 편이다.	1 – 2 – 3 – 4 – 5 – 6
29. 나는 내가 다음에 무엇을 하게 될지 전혀 모르 겠다.	1 – 2 – 3 – 4 – 5 – 6
30. 직업을 통해 내가 무엇을 추구해야 할지 잘 모 르겠다.	1 – 2 – 3 – 4 – 5 – 6
31. 나는 창피스러운 일을 당하면, 두고두고 생각 하며 괴로워하는 편이다.	1 – 2 – 3 – 4 – 5 – 6
32. 나는 대부분의 사람들에 비해 활기가 적은 편 이다.	1 – 2 – 3 – 4 – 5 – 6
33. 나는 사람들이 왜 나의 장점을 좀더 알아주지 않는지 의아하게 생각한다.	1 – 2 – 3 – 4 – 5 – 6
34. 나는 사람들이 많이 모인 곳이나 친하지 않은 사람 앞에서도 별로 긴장하지 않는다.	1 – 2 – 3 – 4 – 5 – 6
35. 나는 나에게 득이 될 때만 '공평의 원칙'을 지킨다.	1 – 2 – 3 – 4 – 5 – 6
36. 나는 친구들과 함께 있을 때조차도, 종종 매우 외롭고 불편하다.	1 – 2 – 3 – 4 – 5 – 6
37. 나는 지금 내가 하는 일에 만족을 느낀다.	1 – 2 – 3 – 4 – 5 – 6
38. 다른 사람들이 나에게 주목하고 높이 평가해 주었으면 좋겠다.	1 – 2 – 3 – 4 – 5 – 6
39. 나는 혼자서는 결정을 잘 내리지 못하는 것 같다.	1 – 2 – 3 – 4 – 5 – 6
40. 요 며칠 동안 나는 계속 슬프고 우울했는데, 쉽게 이런 기분이 나아질 것 같지 않다.	1 – 2 – 3 – 4 – 5 – 6
41. 누군가가 보고 있는 자리에서 일하는 것은 아 주 힘이 든다.	1 – 2 – 3 – 4 – 5 – 6
42. 나는 일의 의미를 찾기가 어렵다.	1 – 2 – 3 – 4 – 5 – 6
43. 항상 다른 사람들로부터 인정받고 지지받고 싶다.	1 – 2 – 3 – 4 – 5 – 6
44. 나의 문제는, 내가 무엇이 되고 싶은지를 정말 모른다는 것이다.	1 – 2 – 3 – 4 – 5 – 6
45. 기회만 된다면, 나는 죄책감 없이 다른 사람들 을 이용할 것이다.	1 – 2 – 3 – 4 – 5 – 6

> 아래의 문장을 읽고 두 문장 중에 자신과 더 가깝다고 생각되는 문장에
> 해당하는 괄호 안에 ○표를 하십시오.

VI. NPI

1.	A 나는 사람들에게 영향력을 행사하는 타고난 능력이 있다. ( )
	B 나는 사람들에게 영향을 주지 못한다. ( )
2.	A 나는 거의 모든 일을 과감하게 하는 편이다. ( )
	B 나는 상당히 조심스러운 사람인 편이다. ( )
3.	A 사람들에게 칭찬을 받으면 나는 때때로 당황하게 된다. ( )
	B 다른 사람들이 계속 그렇게 말해 주기 때문에 나는 내가 괜찮은 사람이라고 생각 한다. ( )
4.	A 내가 세상을 다스린다는 것은 생각만 해도 너무 겁나는 일이다. ( )
	B 내가 세상을 다스린다면 세상은 훨씬 더 살기 좋은 곳이 될 것이다. ( )
5.	A 나는 무슨 일이든지 다른 사람을 설득하여 내가 원하는 방식대로 할 수 있다. ( )
	B 나는 내가 한 행동의 결과를 받아들이려고 노력한다. ( )
6.	A 나는 여러 사람 속에 섞여 있는 것이 더 좋다. ( )
	B 나는 여러 사람에게서 주목받는 것을 좋아한다. ( )
7.	A 나는 성공한 사람이 될 것이다. ( )
	B 나는 성공하는 것에 대해 그다지 신경 쓰지 않는다. ( )
8.	A 나는 대부분의 사람들보다 잘나지도 못나지도 않았다. ( )
	B 나는 특별한 사람이라고 생각한다. ( )
9.	A 나는 내가 좋은 리더가 될지 자신이 없다. ( )
	B 나 자신을 좋은 리더라고 생각한다. ( )
10.	A 나는 자기주장을 잘한다. ( )
	B 나는 내가 좀더 자기주장을 잘하면 좋겠다. ( )

178

11.	A 나는 다른 사람들에게 권위를 갖는 것을 좋아한다. ( )
	B 나는 별로 개의치 않고 다른 사람의 지시에 따른다. ( )
12.	A 사람들을 내 마음대로 조종하는 것이 나에게는 쉬운 일이다. ( )
	B 나는 사람들을 조종하고 있는 내 모습을 발견할 때 그것이 싫다. ( )
13.	A 나는 내가 받아 마땅한 대접을 해줄 것을 요구한다. ( )
	B 나는 대개 내가 받을 만한 대접을 받는다. ( )
14.	A 나는 내 몸매(또는 체격)를 과시하기를 별로 좋아하지 않는다. ( )
	B 나는 내 몸매(또는 체격)를 과시하기를 좋아한다. ( )
15.	A 나는 그저 적당히 행복하기를 원한다. ( )
	B 나는 세상 사람들의 눈으로 봤을 때 무언가 업적을 이룬 사람이 되고 싶다. ( )
16.	A 나의 신체는 별 볼 일 없다. ( )
	B 나는 내 몸을 바라보는 것을 좋아한다. ( )
17.	A 나는 나 자신을 자랑하지 않으려고 노력한다. ( )
	B 나는 기회가 되면 나의 자랑거리를 드러내 보이는 경향이 있다. ( )
18.	A 나는 항상 내가 무엇을 하고 있는지 잘 알고 있다.( )
	B 내가 무엇을 하고 있는지 확신하지 못할 때가 있다. ( )
19.	A 나는 내가 당연히 얻어야 하는 것을 모두 얻을 때까지 결코 만족하지 않을 것이다. ( )
	B 나는 그럴 만한 일이 생기면 그것에 대해 만족한다. ( )
20.	A 칭찬을 들으면 좀 난처하다. ( )
	B 나는 칭찬 받는 것을 좋아한다. ( )
21.	A 나는 권력에 대한 의지가 강하다. ( )
	B 나는 권력 그 자체에는 별 관심이 없다. ( )
22.	A 나는 새로운 유행과 스타일에 대해 신경 쓰지 않는다.( )
	B 나는 새로운 유행과 스타일을 주도하기를 좋아한다.( )
23.	A 나는 거울을 보는 것을 좋아한다. ( )
	B 나는 거울을 들여다보는 데 별 관심이 없다. ( )

24.	A 나는 모든 사람들의 관심의 대상이 되는 것을 좋아한다.(　　　)
	B 나는 모든 사람들의 관심의 대상이 되는 것이 불편하다. (　　　)
25.	A 나는 내가 원하는 대로 내 삶을 살 수 있다.(　　　)
	B 항상 자신이 원하는 방식대로 삶을 살 수 있는 것은 아니다. (　　　)
26.	A 권위를 갖는 것이 나에게는 큰 의미가 없다.(　　　)
	B 사람들은 항상 나의 권위를 인정해 주는 것 같다. (　　　)
27.	A 나는 리더가 되는 것을 더 좋아한다. (　　　)
	B 내가 리더이든 아니든 나에겐 별 상관이 없다. (　　　)
28.	A 나는 위대한 사람이 될 것이다. (　　　)
	B 나는 내가 성공할 수 있기를 바란다. (　　　)
29.	A 나는 타고난 리더이다.(　　　)
	B 리더십은 오랜 시간에 걸쳐 개발되는 것이다. (　　　)
30.	A 나는 밖에 나갔을 때 사람들이 내 모습에 주목하지 않으면 속이 상한다.(　　　)
	B 나는 밖에 나갔을 때 군중 속에 묻혀 눈에 띄지 않아도 상관없다. (　　　)
31.	A 나는 다른 사람보다 더 유능하다. (　　　)
	B 다른 사람에게도 아주 많은 것을 배울 수 있다. (　　　)
32.	A 나는 다른 여느 사람과 비슷하다. (　　　)
	B 나는 비범한 사람이다. (　　　)

Ⅶ. BDI

다음의 문항을 읽어 보시고 각 번호의 여러 난 중에서 요즈음 자신에게 가장 적합하다고 생각되는 번호를 하나씩만 골라 ○표를 하십시오.

1.	1) 나는 슬프지 않다. ( )
	2) 나는 슬프다. ( )
	3) 나는 항상 슬프고 기운을 낼 수 없다. ( )
	4) 나는 너무나 슬프고 불행해서 도저히 견딜 수 없다. ( )
2.	1) 나는 앞날에 대해서 별로 낙심하지 않는다. ( )
	2) 나는 앞날에 대해서 용기가 나지 않는다. ( )
	3) 나는 앞날에 대해 기대할 것이 아무것도 없다고 느낀다. ( )
	4) 나는 앞날은 아주 절망적이고 나아질 가망이 없다고 느낀다. ( )
3.	1) 나는 실패자라고 느끼지 않는다. ( )
	2) 나는 보통 사람들보다 더 많이 실패한 것 같다. ( )
	3) 내가 살아온 과거를 뒤돌아보면, 실패투성이인 것 같다. ( )
	4) 나는 인간으로서 완전한 실패자라고 느낀다. ( )
4.	1) 나는 전과 같이 일상생활에 만족하고 있다. ( )
	2) 나의 일상생활은 예전처럼 즐겁지 않다.( )
	3) 나는 요즘에는 어떤 것에서도 별로 만족을 얻지 못한다. ( )
	4) 나는 모든 것이 다 불만스럽고 싫증난다. ( )
5.	1) 나는 특별히 죄책감을 느끼지 않는다. ( )
	2) 나는 죄책감을 느낄 때가 많다. ( )
	3) 나는 죄책감을 느낄 때가 아주 많다. ( )
	4) 나는 항상 죄책감에 시달리고 있다. ( )
6.	1) 나는 벌을 받고 있다고 느끼지 않는다. ( )
	2) 나는 어쩌면 벌을 받을지도 모른다는 느낌이 든다. ( )
	3) 나는 벌을 받을 것 같다. ( )
	4) 나는 지금 벌을 받고 있다고 느낀다. ( )
7.	1) 나는 나 자신에게 실망하지 않는다. ( )
	2) 나는 나 자신에게 실망하고 있다. ( )
	3) 나는 나 자신에게 화가 난다. ( )
	4) 나는 나 자신을 증오한다. ( )

8.	1) 내가 다른 사람보다 못한 것 같지는 않다. (　　　　)
	2) 나는 나의 약점이나 실수에 대해서 나 자신을 탓하는 편이다. (　　　　)
	3) 내가 한 일이 잘못되었을 때는 언제나 나를 탓한다. (　　　　)
	4) 일어나는 모든 나쁜 일들은 다 내 탓이다. (　　　　)
9.	1) 나는 자살 같은 것은 생각하지 않는다. (　　　　)
	2) 나는 자살할 생각을 가끔 하지만, 실제로 하지는 않을 것이다. (　　　　)
	3) 자살하고 싶은 생각이 자주 든다. (　　　　)
	4) 나는 기회만 있으면 자살하겠다. (　　　　)
10.	1) 나는 평소보다 더 울지는 않는다. (　　　　)
	2) 나는 전보다 더 많이 운다. (　　　　)
	3) 나는 요즈음 항상 운다. (　　　　)
	4) 나는 전에는 울고 싶을 때 울 수 있지만, 요즈음은 울려야 울 기력조차 없다. (　　　　)
11.	1) 나는 요즈음 평소보다 더 짜증을 내는 편은 아니다. (　　　　)
	2) 나는 전보다 더 쉽게 짜증이 나고 귀찮아진다. (　　　　)
	3) 나는 요즈음 항상 짜증을 내고 있다. (　　　　)
	4) 전에는 짜증스럽던 일에 요즘은 너무 지쳐서 짜증조차 나지 않는다.(　　　　)
12.	1) 나는 다른 사람들에 대한 관심을 잃지 않고 있다. (　　　　)
	2) 나는 전보다 다른 사람들에 대한 관심이 줄었다. (　　　　)
	3) 나는 다른 사람들에 대한 관심이 거의 없어졌다. (　　　　)
	4) 나는 다른 사람들에 대한 관심이 완전히 없어졌다. (　　　　)
13.	1) 나는 평소처럼 결정을 잘 내린다. (　　　　)
	2) 나는 결정을 미루는 때가 전보다 더 많다. (　　　　)
	3) 나는 전에 비해 결정 내리는 데에 더 큰 어려움을 느낀다. (　　　　)
	4) 나는 더 이상 아무 결정도 내릴 수가 없다. (　　　　)
14.	1) 나는 전보다 내 모습이 나빠졌다고 느끼지 않는다. (　　　　)
	2) 나는 나이 들어 보이거나 매력 없이 보일까 봐 걱정한다. (　　　　)
	3) 나는 내 모습이 매력 없게 변해 버린 것 같은 느낌이 든다. (　　　　)
	4) 나는 내가 추하게 보인다고 믿는다. (　　　　)

15.	1) 나는 전처럼 일을 할 수 있다. ( )
	2) 어떤 일을 시작하는 데에 전보다 더 많은 노력이 든다. ( )
	3) 무슨 일이든 하려면 나 자신을 매우 심하게 채찍질해야만 한다. ( )
	4) 나는 전혀 아무 일도 할 수가 없다. ( )
16.	1) 나는 평소처럼 잠을 잘 수 있다. ( )
	2) 나는 전만큼 잠을 자지는 못한다. ( )
	3) 나는 전보다 한두 시간 일찍 깨고 다시 잠들기 어렵다. ( )
	4) 나는 평소보다 몇 시간이나 일찍 깨고, 한번 깨면 다시 잠들 수 없다. ( )
17.	1) 나는 평소보다 더 피곤하지는 않다. ( )
	2) 나는 전보다 더 쉽게 피곤해진다. ( )
	3) 나는 무엇을 해도 피곤해서 아무 일도 할 수 없다. ( )
	4) 나는 너무나 피곤해서 아무 일도 할 수 없다. ( )
18.	1) 내 식욕은 평소와 다름없다. ( )
	2) 나는 요즈음 전보다 식욕이 좋지 않다. ( )
	3) 나는 요즈음 식욕이 많이 떨어졌다. ( )
	4) 요즈음에는 전혀 식욕이 없다. ( )
19.	1) 요즈음 체중이 별로 줄지 않았다. ( )
	2) 전보다 몸무게가 2kg가량 줄었다. ( )
	3) 전보다 몸무게가 5kg가량 줄었다. ( )
	4) 전보다 몸무게가 7kg가량 줄었다. ( )
	*나는 현재 음식조절로 체중을 줄이고 있는 중이다. (예, 아니요)
20.	1) 나는 건강에 대해 전보다 더 염려하고 있지는 않다. ( )
	2) 나는 여러 가지 통증, 소화불량, 변비 등과 같은 신체적인 문제로 걱정하고 있다. ( )
	3) 나는 건강이 염려되어 다른 일은 생각하기 힘들다.
	4) 나는 건강이 너무 염려되어 다른 일을 아무것도 생각할 수 없다. ( )
21.	1) 나는 요즈음 성(sex)에 대한 관심에 별다른 변화가 있는 것 같지는 않다. ( )
	2) 나는 전보다 성(sex)에 대한 관심이 줄었다. ( )
	3) 나는 전보다 성(sex)에 대한 관심이 상당히 줄었다. ( )
	4) 나는 성(sex)에 대한 관심을 완전히 잃었다. ( )

• 저자 •

윤정혜   **•약 력•**

숙명여자대학교 교육심리학과 졸업
숙명여자대학교대학원 졸업(교육심리전공)
숙명여자대학교 박사(상담학전공)

전   서울YMCA.시립문래청소년회관청소년진로상담실장
서일대, 숭실대, 한림대, 단국대, 숙명여대강사
숙명여대평생교육원, 한양대평생교육원
강남대교육대학원강사
한국청소년상담원 청소년상담사국가자격시험 서류전형위원.(03)

현   한국심리학회산하 한국상담심리학회 상담전문가 1급
하연상담교육연구소장
숙명여대교육대학원, 한양대 교육대학원외래교수

•주요논저•

「자아존중감, 성역할정체감, 진로의식성숙과의 관계연구」
「유아기부모를 대상으로 한 우리나라 부모교육프로그램의 고찰」
「자기애 측정도구(ISP) 타당화 연구 -Heinz Kohut의 자기심리학적 접근-」

•공역도서•

생각하기, 느끼기, 행동하기—초등학생편, 시그마프레스
외 다수

자기애 측정도구 ISP 타당화 연구

• 초판 인쇄	2008년 2월 29일
• 초판 발행	2008년 2월 29일
• 지 은 이	윤정혜
• 펴 낸 이	채종준
• 펴 낸 곳	한국학술정보㈜
	경기도 파주시 교하읍 문발리 513-5
	파주출판문화정보산업단지
	전화 031) 908-3181(대표) · 팩스 031) 908-3189
	홈페이지 http://www.kstudy.com
	e-mail(출판사업부) publish@kstudy.com
• 등 록	제일산-115호(2000 . 6 . 19)
• 가 격	22,000원

ISBN   978-89-534-8229-6 93180 (Paper Book)
            978-89-534-8230-2 98180 (e-Book)